結婚・出産・仕事…
自分らしい人生を選ぶためには

悪妻謙母のすゝめ

株式会社ハセガワエスティ 代表取締役
阿久津五代子

F
フローラル出版

はじめに

『悪妻？　悪い妻が良いのか？
悪妻が増えたら世の男性がひどい目にあう、悪妻が増えたら子供がかわいそうだろう。
賢母ではなく、謙母？
母は賢い方が、良い子が育つに決まっている。
頭の良い子に育つためには、間違ったり、失敗したりしない母が必要だろう……。
母は賢くなくてはならない』
「悪妻謙母」とは、妙なタイトルですよね。

私にとって「悪妻」は、「良妻」の逆の意味ではなく、固定概念の「良い妻像」から脱出して、「自分らしい生き方」を選んでほしいという思いです。

結婚は先の先という方、独身を選ぶ方、すでに妻である方、さまざまな選択から一つを選ぶすべての女性に、「自分らしい道」を迷わず進んでほしいと思っています。


私は、2024年60歳になりました。

12の干支を5回周って、ようやくスタートラインに立った気がします。

この先、何歳で人生を終わらせてもらえるのか分かりませんが、仮に「人生120歳」とすると、私はようやく半分です。

生かされた人生だとすれば、私は最後の瞬間まで、（どうせやるなら）楽しくやって、まっとうしたい、と思うようになりました。


そして最初に浮かんだのは、妻というものの「存在の違和感」です。

女性に生まれたその時から「妻になる」前提の生き方が、選ぶ前から決められている。

この妙な感覚です。

例えば、女の子が生まれて名前を付ける時、〝将来結婚したら苗字が変わるから〟と、そんな前提で親は名前を考えています。

男の子が生まれたら、苗字とのバランスや字面や音を気にしながら名前を考えます。

この違いは実はものすごく大きいと、今の私は考えています（20年以上前に自分の子供たちの名前を考えた時は分かりませんでした）。

これは、日本の社会的環境ではやむ負えないことです（選択制夫婦別姓がかなって20～30年経過すれば、概念も変化すると思いますが）。

私は、その決められた固定概念を生きなければならない女性に、せめて「妻」の在り方における「自由」を手にして、自分らしく生きて頂きたいと思っています。

もし自分が10代の頃から、妻というものは「自分らしくて良い。良妻賢母は一つのスタイルであり、それだけを目指さなくて良い」と分かっていたら、もっと軽い気持ちで女性の「選択人生」を生きられたと思います。

心が自由という軽さは、夢を大きくしてくれます。

現状は同じでも、心が軽いだけで夢が膨らんで挑戦してみたくなります。

挑戦すれば、才能を開花するチャンスも増えます。

これから結婚するかもしれない方も、既に結婚している方も、
自分の「妻」像は、「悪妻」か否か？
自分の「育てる」像は、「謙母」か？「賢母」か？
自分らしくて自由な「自分流」を、探ってみませんか。

節目の年を過ぎて、私は今、改めて振り返りました。

これまで経験してきたこと、女性としての選択、仕事、家庭、夫婦のことなどを、「悪妻謙母」という考えから、書きつづりました。

失敗から学んだことがほとんどです。

人を傷付けて自分も傷付いて初めて分かる痛みや、見守って応援してくれる人がいることに気付かない自分の愚かさや、突っ走りすぎて見えなくなったゴール、私の人生のほとんどが、ガタボコで曲がりくねった坂道のようでした。

女性の生き方は困難だらけ、難しい選択だらけですが、女性として生まれてきたからこそ、悩める女性同士、一緒に登りたい山があります。

辛いときは互いに励まし合い、頂上を目指して登りたいと思います。

そして、頂上に上がった時、どんな風が吹いているでしょうか。見える風景はどうでしょうか。

女性としての困難な道を進み続けたからこそ、男性とか女性とか、そういう性別を超えた人としての自分を感じることができるのではないかと思います。

頂上には、すがすがしい風が吹き、澄んだ空がどこまでも続くような安楽が広がっているのではないでしょうか。

Contents

《Contents》

第3章
自分の未来は今の自分が決めて良い

第4章
男性の本質を大まかに把握する

第5章
男を上げる悪妻謙母の考え方

第6章
女性。その素晴らしき世界

《Contents》

第7章 女性たちのさまざまな人生

第1章

「結婚」「出産」「働き方」「ホルモンの変化」……
女性は男性と比べ、人生の岐路でおこる変化が激しいのです。

女性の人生は「重大選択」の繰り返し

How to find a life that suits you and a life of freedom.

「私の人生、これからどうなるのだろう?」

女性が今後の人生をふと考える時、人生の通り道にある出来事の一つとして「結婚」を想像することが多いのではないでしょうか。

「いつか、結婚する」
「いつか、良い人がいたら結婚する」
「30歳までには、結婚する」

そんなふうに考えたこともあるのではないでしょうか?

例えば、職場の環境が変わった時などに、男性も女性も結婚について考えてしまうことがあると思います。特に、女性にとってかなり大きな問題です。

なぜならば女性は、結婚するかしないか、あるいは結婚する相手によっても、未来が大きく変わってしまうからです。

今回は、「佐藤さん」のケースを例に、未来が大きく変わってしまう様子をシミュレーションしてみることにします。

東京都在住の佐藤さん（28歳）は、目標にしていた大手企業に合格し、現在は勤務4年目です。業務も評価され、今後の昇格も期待できますし、能力を発揮できる職場であると感じています。

しかし、佐藤さんは、「将来のことを考えた時、悩みのループに入ってしまう」と言います。

社内にいる既婚女性の先輩たちに話を聞いてみたところ、20代後半で結婚し、3年以内に第一子を授かり、5年以内に第二子を出産しているケースが多いことに気づきました。

ある先輩は共働きではあるものの、仕事は夫がメインで妻はサブ、妻は育児最優先の生活です。

会社ではお客様担当の仕事のため、十分な時間を仕事に当てられない妻は能力を発揮できません。子供に何かあったら急に早退します。会社は、残業も頼めないわけですから、そこには「あてにできない存在」という居場所しかないことになります。妻の努力不足ではありません。育児が最優先だからです。幼児は１人では生きられないので、命や成長が最優先です。

その命を守るためには、経済を整えなければなりません。

家事と仕事を両立するからには、「自分の仕事のやりがい」と「お金を稼ぐ」の両輪を回さなければなりません。

育児最優先で仕事は後回しになってしまう先輩たちを見ていて、佐藤さんはためらってしまいます。

他に良い方法はないのか悩んでしまい、考えれば考えるほど分からなくなりました。自分がどのように行動すればよいのかモヤモヤします。

結婚する人生
結婚しない人生
子供を産む人生
子供を産まない人生

女性の選択肢は多様で、いくつもの要素が絡み合って複雑に展開します。枝葉の先にまた枝葉……

どの枝を渡った時に自分の幸せな未来があるのでしょうか、一度きりの人生に失敗したくないですから、自分に合う道を見つけたいと迷うのは当然です。

◆◆◆◆◆

佐藤さんの人生も、木の枝のようにさまざまな分岐点があり、さまざまな選択があります。大きな分岐点は、結婚する・しない、子供を持つ・持たないという選択です。

この大きな分岐点について、枝葉を想像してみます。

選択❶——結婚して子供を産む人生

28歳の佐藤さんは、5歳年上の男性（正木さん）とお付き合いしています。彼の仕事に対する考え方や姿勢、バイタリティーに惹かれて、「正木さんと結婚したい」

と思うようになりました。

一方、正木さんは、自分の考えをきちんと伝えられて周囲に気配りもできる佐藤さんに、女性らしさを感じていました。

――30歳……交際から2年で結婚

交際から2年経ち、結婚します。

新居は、お互いの職場からも近く、駅から10分ほどの賃貸マンションです。

感性が似ている2人はどんな些細なことでも互いに話し合い、相談して決めていきました。

――32歳……子供を授かる

2年後、子供を授かります。

仕事は順調で昇進の話も出ていたので、生活が変わることに不安はありましたが、懐妊したことは喜びでした。

6カ月まで働き、1年で復帰する予定で準備を進めました。

会社の上司は、仕事の穴をどう埋めるかを考え、佐藤さんの仕事やクライアントを、彼女の部下で後輩の男性社員に引き継がせることにしました。

――33歳……出産

33歳で出産しました。母として妻として、初めての環境で目まぐるしくバタバタと過ごす日々が続きます。

毎日同じことの繰り返しに、自分を見失うような感覚になることもありましたが、我が子の可愛さと「守らなければ」という義務感が彼女を支えます。

夫も家事を手伝ってくれましたが、妻とは違うフィールドです。夫は毎日出社し、期待と責任を負っています。やりがいやプレッシャーを感じながら仕事をして、一方で家庭とのバランスも取っていました。

仕事復帰もそろそろ考え始めますが、葛藤もありました。

残業はできませんし、子供に何かあったら早退しなければなりません。そんな状況では責任の重い業務に就くことは難しいです。

しかも、担当していた仕事やクライアントは、後輩が既に引き継いでしまっています。

子供を保育園に入れることへの不安もあります。保育園の仕組みや体制に物足りなさを感じてしまうのです。

──34歳……復帰

悩んだ挙げ句、復帰の道を選択しました。

復職はしたものの、保育園のお迎えもあって、時短で働かざるを得ません。

実際に職場に復帰してみると、過酷な現実が待っていました。

給与は、以前より減りました。残業もできず、仕事が残っていても先に帰らなければなりません。誰も自分を頼りにしていないように感じます。出世の道も閉ざされたことを改めて知ることになって、さまざまな葛藤が生まれました。

家に帰れば、保育園の行事や提出物、連絡など、親としての務めもこなす必要がありました。

その頃、夫は30代後半に入り、昇格を果たします。残業も多く、接待や飲み会は週一ペースで、土日のゴルフや会社の行事にも積極的に参加するようになっていました。

妻であり母である自分ばかり、諦めなければならないものが多いような気がして、悔しくなりました。

「どうして、私だけ我慢しなくちゃならないの？」などと、イライラすることが多くなりました。

――35歳……老いに気付く

1年後、子供と一緒に写真を撮った時、写真の中の「老けてしまった自分自身」に驚きます。

かつて恋人同士だった頃、夫は1人の女性として見てくれました。

今はどうでしょうか。夫は以前より自信にあふれ、魅力的になっているように思います。

「もしかして、浮気しているの？」

そう思った瞬間、夫に対する嫉妬を感じてしまったのです。

――36歳……第二子を体外受精で出産

結婚して6年目、36歳の時に、第二子を体外受精で出産しました。

第二子の産休と育休明けで会社に復帰しましたが、急なお迎えが増えてしまい、周りに迷惑をかけている自責の念にかられ、居場所もないと感じてしまい退職します。

――39歳……近所の職場でパートとして働き始める

そして、第二子が3歳になった頃、近所の職場でパートとして働き始めました。

――48歳……第二子が中学に入学

48歳の時、第二子が中学に入学します。

その頃は再び会社に勤めていましたが、目立った成果は上げられずにいました。

もうすぐ50歳という年齢を前にして、改めて自分が選ぶべき「仕事」を考えています。

会社で一つのコマとして働く場合、自分自身に特別な「何か」がなければ、ある日突然、コマの役割がするっと終わってしまうこともあるのです。

佐藤さんは自分の後半の生き方について、考え始めています。

選択❷――結婚して子供を産まない人生

28歳の佐藤さんは、5歳年上の正木さんと結婚しました。ただし、子供を産まない人生を選択します。

賃貸マンションに住み、夫婦共に仕事もプライベートも順調です。結婚して間もなく、佐藤さんに昇格の話がありました。出産のイメージもありましたが、与えられた仕事のチャンスをつかむことにしました。

――30歳……重要な仕事を任せられるようになる

30歳の頃、重要な仕事を任せられるようになり、後輩の教育やチーム作りにも手ごたえを感じていました。

――33歳……親戚の集まり

親戚の集まりに行ったところ、夫の両親から「仕事は順調なの？　孫はどう？」と質問され、さらには妊娠についての話題で盛り上がり、自分の仕事や生き方を否定されたような気持ちになりました。

――35歳……「子どもはまだか」という質問攻め

35歳の頃には、「子供はまだか」という質問を、あちこちから頻繁にされるようになり、家族、友人、知人、会社、あらゆるところから同じ質問をされます。結婚したら子供を持つのが義務のような圧力を感じました。

――35歳……妊活を始める

夫にも相談し、妊活を始めることにしました。
しかし、仕事と妊活の両立は思ったよりも大変で、精神的にも焦りがあります。

37歳……妊活をお休みする

一年間、妊活を続けましたが、授かることはできませんでした。

2人のどちらが原因なのかを調べるべきか迷った末、専門の医療機関で検査を受けました。ですが、互いに明確な原因は特になかったようです。

妊活は、しばらく休むことにしました。生きるゴールが「懐妊」になっていることに気付いたからです。懐妊も大事ですが、余裕のない自分自身を癒やす時間が必要だと感じました。

夫も、つらそうな彼女を見て、妻の考えに同意します。37歳の時のことでした。

それからは、以前にも増して仕事に打ち込むようになりました。

ただ、40歳目前になると、子供を持つラストチャンスとも感じるようになります。

夫も昇格し、資金も貯まったので、家の購入を考えるようになりました。「家のローンを払いながら子育てをし、仕事をセーブする道」と、「このまま夫と2人で生きる道」、どちらの選択が良いのか考えます。

真っ先に浮かんだのは、老後です。
夫が先に他界した場合、自分の老後はどうなるのだろう？
子供がいない場合は孤独死するのだろうか？
女性に生まれながら、子供を産まないのは後ろめたいのでは？
両親に孫の顔を見せられないのは親不孝では？

友人や親戚が子供と楽しそうにしているのを見ると、自分が劣っているような気持ちになってしまいます。
考えれば考えるほど、結論を出せなくなってしまいました。

――40歳……再度妊活したが、授からず

40歳間近になり、最後のチャンスと感じて、1年間、妊活しました。ですが、結局、授かることはできませんでした。

――41歳……25年ローンで住宅を購入

25年ローンで住宅を購入し、夫と2人、仕事と自分たちの個の確立に、残りの人生を賭けることにしました。旅行に出かけたり、新しい知識を得る勉強を始めます。

夫も出世し、経済的にも余裕があったので、両親に資金的な援助をすることができました。

老後のことが心配だったので、貯金することも忘れなかったのです。

——50歳……「教え伝える教育がある」と実感

子供を産まない・育てない寂しさや、世間の目は、確かに気になりましたが、代わりに、社会的ポジションや責任、経済的自立など、他に得るものもありました。周りの人たちに自分の経験や技術を教えて、伝承していくこともできます。

自分の子供に特別の愛情を持つ感覚は分かりません。しかし、他者への愛情はかえって広がりました。

「自分には、教え伝える教育がある」、そう実感できる50代です。

老後を目前にして、自分の仕事について、この先どのように展開していくのか、明確にイメージしたいと思うようになりました。

選択❸——結婚しない人生

28歳の佐藤さんは、5歳年上の男性（正木さん）と出会います。話も合い、互いに好意を持っていることも分かりました。

——28歳……岩尾さんと交際　29歳……岩尾さんと破局

同じ頃、佐藤さんに好意を持つ別の男性（岩尾さん、30歳）が現れます。正木さんとは全く違うタイプで、ぐいぐいアプローチをしてくる男性です。岩尾さんの押しに負けて、付き合い始めました。

しかし、実際に付き合ってみると、かみ合わないことも増えて、半年ほどで岩尾さんは離れていきました。

タイミングを逃したため、正木さんとはお付き合いできませんでした。正木さんは既に、別の女性とお付き合いをしていたのです。

佐藤さんは、恋愛に自信が持てなくなりました。

「時間をかけて気持ちを使って付き合っても、最後は自分が傷つく。裏切られた気持ちになる。だったら恋愛について、夢を持つのはやめよう。現実的に慎重に行動しよう」、そんなふうに思いました。

そして、自分が集中すれば結果が出る「仕事」に、さらに時間を使うようになったのです。成功すれば経済的にも安定します。

――35歳……仕事に集中

35歳の頃は、さらに仕事に集中します。

食事をする男性や仕事の仲間は大勢いましたが、結婚という踏み台を登れる男性は思い当たりません。結婚相手の男性に求める漠然としたイメージはありましたが、なんとなく「この人じゃない」「あの人でもない」と感じてしまうのです。
「結婚する選択」と「結婚しない選択」の両方を考え始めました。

40代……出産の可能性への葛藤　50代……自分の老いへの葛藤

40代では出産の可能性の葛藤、50代では自分自身の老いと、親の老いという2つの葛藤を経験しました。

50歳を迎えてからも、結婚を選択しませんでした。
自分自身の個性を見つめ、他人から尊敬される個として進化する道を選んだのです。

結婚・出産・子育ては選ばなかったので、この部分に関しては「持たない」を選択しています。

代わりに、「得る」ことのできるものがあります。得るために「持たない」分まで、他の何かを得ることに真剣に集中してエネルギーをつぎ込みます。「持たない」からこそ、葛藤がエネルギーに変わり、「得る」分野に関して自分が納得する結果を出すことができるのです。

持ち前の感性で物事を追求し、継続することで結果を残し、何歳まででも自分らしくありたい、この先の新しい目標を見つけようと佐藤さんは考え始めています。

未来を見据えた選択を

佐藤さんの3つの選択肢を想像してみました。

—結婚して子供を産む人生
—結婚して子供を産まない人生
—結婚しない人生

それぞれ、さまざまな分岐点や選択があり、そのたびにいろいろな葛藤があります。私は今、こう感じます。

どのような選択でも、自分自身が真剣に考えて選択した結果に間違いはありません。決して後悔しないこと。選択しなかった道を羨んだり、あっちにすればよかったとひがんだりしないこと。それが、選択した自分に対するリスペクトと覚悟です。どちらを選択しても、同じ量の幸せと不満があります。大切なのはその選択と道のりを丁寧に生きること。その連続が、のちの自身の幸せにつながると思います。

60歳は大きな分岐点

会社勤めをしている場合、60歳を迎えようとするタイミングで、大きな分岐点が訪れます。

会社には「定年」があります。人生が100年とすれば、60歳で定年になった後、40年も無職で生きなければなりません。介護される老後ではなく、健康寿命100歳でありたいと思っています。ボケない、廃れないためには、人から必要とされる「何か」が必要です。

さらに、生きるためには、お金がかかります。収入を得るためには、仕事が必要です。

この分岐点では、「新たな自分の価値に着目し、10年後の自分の価値のために、今の時間を使う」という先手必勝の未来読みが必要になります。

高齢者でも、「技術や武器、ノウハウ」が、誰かの役に立つものであれば、その「価値」にお金を払ってもらえます。

新約聖書には「働こうとしない者は、食べることもしてはならない」という言葉がありますが、これは「生きていれば、必ず誰かの役に立つはず」という解釈ではないでしょうか。

「役に立つように生きる」という目的のもと、長い生涯を生き抜いてください、そんなメッセージだと思っています。

結婚は「出家」と似ている？

長い人生の中で、人は変化し続けています。長い間に少しずつ、内面だけでなく外見も確実に変化します。その過程で心が自由に動き、異性に惹かれたり嫌悪したり、感情の変化が伴います。

結婚をしたら、夫以外妻以外への性的な感情を封印しなければなりません。妻（あるいは夫）という特定の1人以外は、全ての人に対して「出家」です。大げさに聞こえるかもしれませんが、この覚悟をもって結婚することが大切です。覚悟を決めて結婚すれば、大きな問題は起こりません。

また、親の介護も、結婚生活で巡ってくる出来事です。

女性の場合、自分の両親だけでなく、夫の両親の介護も担うことが多いと思います。親の介護のために、今まで熱心に務めてきた仕事をセーブしなければならないこともあります。

夫との年齢差がある場合は、双方の両親だけでなく、夫自身も加えた5人分の介護を、後半の人生30年ほどに費やす可能性もあります。

子育てか介護か、どちらも女性に期待される暗黙のミッションです。身体は一つですので、優先順位を付けて選択するしかありません。

どれを選んでも、逃れられない不安

そして、どの選択肢を進んでも、結果逃れられない不安があります。それは、「孤独死」です。死は、いつか必ず、誰にでも平等に訪れます。

家族がいれば孤独死しない、ということもありません。

結婚していても、夫婦同時に死ねるわけでもありません。

死ぬ時に、病院にいるとも限りません。

独身だから孤独死するわけでもありません。

そもそも死にゆくこと、老いるということは、孤独の中にあると思います。

孤独死を恐れるあまり、結婚を安易に選択すれば予想外の忍耐を強いられます。

今、なんとなく不安だから誰かと結婚したり、子供を産まなければと悩み、人生を窮屈にしたりする必要はないのです。

いずれにしても、孤独死という不安から、完全に逃れることはできないのですから。

「百歳地図」を作ってみませんか？

私は、ようやく60歳を越えて、12年の干支を5回繰り返して還暦になり、やっと大人として存在することが許されたと感じています。同時に、「人生こう選択すれば良かった」とも思ってしまいます。

自分の人生を振り返ると、数々の失敗や後悔があります。

私が出会った方々の人生と自分の人生を足して、分析して整理し、ひもづけてみると「これだな」というものが浮かんできます。

佐藤さんのように、「どうやって生きたらいいのか、悩んでしまう」という女性のみなさんへ、ご提案させてください。

あなたが１００歳になった時、どのような自分でいたいですか？

まずはその姿を思い描いて、逆算し、現在から未来へと続く「百歳地図」を作ってみてはいかがでしょうか。

最も遠い未来の点を１００歳にして、現在が28歳ならば、今の点を「28」にします。28から始まるルートは、枝葉のように何通りも存在します。その枝葉を、選択していくのです。

予測の大切さ

人生は、意味ある選択ができれば全て最善。予測の上での結果であれば、安心です。幸福の種が芽生えます。その上で偶然や意外な出来事、予測できないことが起こった時に、「あ〜こうなったか…」と想定された予想外を楽しむことができます。

私たちの毎日の中で、起こること全てが予測していない出来事ばかりでは、とても不安になってしまいます。余裕がなくなり、対応も後手に回ってしまうでしょう。予測していないと思考に余裕がありませんから、脳はフル回転してくれません。自分の能力を十分に発揮できなくなってしまうのです。

生きる過程では、このような小さな判断が連続で行われて、道が決まっていきます。寿命が来るまで、この判断は続いていきます。

予測は自分の精神を守り、その少しの余裕が人生の面白さをカサ増ししてくれると思います。

第2章

私の人生は失敗ばかり。
でもその失敗が今の私をつくっています。
少しの間、そんな私の人生にお付き合い下さい。

失敗から教えてもらった私の人生

How to find a life that suits you and a life of freedom.

この原稿を書いている2024年5月、私は60歳になりました。甲辰の還暦です。干支（えと）が12年で5回巡って、生まれた年の干支に還るので「還暦」といわれます。干支は12種類（子・丑・寅・卯・辰・巳・午・未・申・酉・戌・亥）ですが、正確には十干（甲・乙・丙・丁・戊・己・庚・辛・壬・癸）との組み合わせで、十干の「10」と十二支の「12」の組み合わせで「60」です。干支が一回りして、ようやく生まれた年の干支に還るわけです。

スタートラインに立ったこのタイミングに、お伝えしたいことがあります。

女性が笑顔で生き抜くために「女性の応援団の1人」として、応援歌を歌いたいと思います。

次から次へ苦難が押し寄せる現代に、強く生きなければならない女性の皆さんを称賛したいんです。

私の選択が、失敗の実例です。

私は、栃木県の旧家で、何代も続く家系の長女として昭和39年に生まれました。辰年の5月生まれは、曾祖父、祖父、父に続いて私です。2年後のひな祭り3月3日に弟が生まれました。逆だったら良かったのに……。私はずっと、「男に生まれなかったこと」が悔しくて仕方がありませんでした。

母は、19歳で父と結婚しました。父の妹は母の同級生で、まだ同じ家で暮らしていました。祖父母と父母、父の妹5人の9人家族です。

2年後に私は生まれました。私の記憶は6歳くらいからしかありませんが、家事も十分にできないまま嫁入りした19歳の母は、とても苦労していたんだと思います。いつも誰かに頭を下げて謝っているような人だったのですが、当時の私には「かわいそうな母」に思えました。

ある時、母と2人で洋服店へ行きました。

気に入った洋服がなくて、10分ほどでお店を出ることになったのですが、その時、母が店員さんに頭を下げて、「すみません、本当に、すみません。また来ます」と謝ったのです。

お店を出てから、私は母に聞きました。

「どうしてあんなに謝るの？　何も悪いことをしてないのに、試着もしてないし」

母は、何も答えませんでした。

その時の光景は、今でも目に焼き付いています。これを機に、私は「伝えたいことや気持ちをきちんと言葉に出せるようになりたい」と思うようになりました。

20代の失敗

20代の頃、男性批判とも思える自分の内なる気持ちを、会話の流れでうっかり会話相手の男性に伝えてしまい、失敗したことがあります。

最初の数回は、失敗に気付きませんでした。今思えば、自分の中にある怒りに似た感情に集中しすぎて、相手の表情や感情を読む余裕がなかったのです。

「ほんとに男ってダメですよね」

会話をしていた男性への言葉ではないのですが、その方も男性なのに、「男って」とひとくくりにして意見をぶつけてしまいました。


私は、男性に「女ってほんとダメだよね……」と言われても、自分への批判じゃなければいつも世間から言われているセリフなので聞き流せます。なので、男性も同じことを言われても気にしないだろうと思っていたんです。

ところがある日、私より20歳ほど年上の男性に同じことを言ったところ、けげんな表情になり、気まずい空気が流れました。若さにかまけて言いたい放題だった私も、この時は、さすがにまずいと思いました。

世の中で活躍する多くの男性は、小さい頃から褒められて育ち、母親からも大切にされ、社会に出てからも努力してうまく立ち回り、他人から失礼なことを言われる機会もあまりないのですから、当然の反応だったと私は深く反省しました。

男性というのは、プライドの塊なのです。自分では普通と思っている男性も、例外ではありません。その気持ちに気付いていない男性もいらっしゃいます。


その日を境に、このふつふつとした気持ちを秘めるようになりました。

男性に生まれたかったのに、かなわなかったことから生まれた、男性への嫉妬という内なるエネルギーです。


20代後半、私は美術商社の秘書をしていました。

その仕事は、私以外でも代わりのきく業務です。自分の意見が通るような役割ではありません。ボスがいて自分がいて、仕事の幅はだいたい決まっています。

極端に気を利かせて動けば「アピールしている、役割を越えている」と思われることもあって、個性や自分らしさを出すのは難しいと感じていました。（今、振り返れば、奥の深い仕事だと思いますが、当時は推し測ることができませんでした。）

ある時、男性の総務部長が私の上司になりました。他業種からヘッドハントされた男性で、業界のことは詳しくありませんでした。私は、自分の役割を見出せず退職し、この仕事のキャリアは終わりました。30歳目前のことでした。

仕事の失敗で気付いたこと

仕事の失敗は、他のどんな失敗よりも学びが分かりやすいです。経済的な自立と直結しているからです。

結婚や恋愛は、考え方次第で成功にも失敗にもなりますが、仕事は生きるために収入を得るという足し算です。

仕事についての正解は、結果を出すという意味で、はっきりしていると思います。

自分の「何」が、「誰に、どのように役立っているのか?」という足し算です。例えば、自分が進んで提供できる物として、「素晴らしい、ブローチが作れる」とします。

そのブローチを「絶対ほしい」と言ってお金を払ってくれるとします。それを数式にすると左記のようになります。

ブローチの原価ⓐ+おにぎりづくりにかけた時間ⓑ vs 価格ⓒ

ⓐとⓑの数字が大きいほど、ⓒの数字も大きくならなければ経済活動は成り立ちません。

仕事は簡単な方程式があります。人生のさまざまな事柄、恋愛、結婚、家庭、趣味などの中で最も分かりやすく結果が出せるのが、仕事です。

私は、当時そのシンプルな現実が分っていませんでした。上司がどうとか、自分が男性に負けているとか、表面的なことに一喜一憂していたのです。

一方

お金があっても、結婚がうまくいっていなくて……

お金があっても、友達から愛されていなくて……

お金があっても、親や兄弟と仲が悪くて……

という話もよく聞きます。

結婚や恋愛は、分かりやすい幸せの方程式が見つけずらいので、何をもって成功なのかとなると、難しいものがあります。

まずは、シンプルな仕事という方程式を通して、自分なりの成功を体験していくと自信につながるということが分かりました。

男性選びの失敗　妄想と現実

私は女子高出身だったからなのか、若い男性について無知でした。20歳になる頃、初めて男性と付き合ったのですが、今振り返ってみても全くわかっていなかったと思います。今だから分かる対処方法も挙げてみました。

―**妄想**　自分に好意を寄せてくれている。私の内面も含めた総合的なものに好意を寄せてくれている。少女漫画的なロマン。

―**現実**　若い男性が発する「好意」エネルギーの正体は、肉体的な満足である。

―**対応方法**　男性のフィジカルを研究して理解する。さらに自分の性も理解できるようになる。

―**妄想**　付き合い始めた頃の印象が、ずっと続くと思っている。

―**現実**　付き合ってしばらくすると、相手の本音や気質が見えてきて、がっかりする。

―**対応方法**　初デートの楽しさを何回も思い出していると、記憶に刷り込まれてしまう。しかし、実際にはどんどんなじんで日常的になり、ふだんの「素」が見えてくる。それがボロに見えることもあるが、自分も同じようなもの。自分が感じている変化を相手も感じているので、よくよく考えればお互い様である。

言葉には出さなくても、きっと相手もがっかりしている。その現実を踏まえた上で、進むか止めるかを選択する。


―**妄想**　別れたら、もう会わないので、自然消滅的にこんな感じでも仕方がないといい加減にする。

―**現実**　別れ方が曖昧になる。あるいは、後味が悪い別れ方になる。

―**対応方法**　もしどこかでばったり出会ったら、「気持ち良い挨拶」ができるように、別れる時はできるだけ「男女としてはうまくいかなかったけど、出会えたことは意味深く良いお付き合いでした。ありがとう」と言えるようにした。

25歳で最初の結婚

父は長男で、妹たち5人も同居していました。母はそのことで大変苦労しているように見えたので「幸せな結婚とは？」を、10代後半頃から考えていました。

当時、私は常識の枠からはみ出ないことが重要と思っていたので、25歳目前には、「もう結婚しなくちゃ！」とも考えるようになりました。

その時、最優先した条件は「長男以外と結婚する」ということでした。結婚は条件が一番大事で、条件が良ければ幸せな結婚に違いないと信じていたのです。

ところが、いざ結婚してみると、あらゆる価値観が食い違っていました。一年ほどの交際期間では見えなかった違いです。

今思うと、お互いの隠れていた自我が出てきただけかもしれません。

結婚してみて分かったことですが、一緒に暮らすということは、お互いのモノの感じ方と、それに伴う行動が一番大切です。

長男ではない、家を建ててもらえるといった「条件」以前に、もっと大事なことがあったのです。360度の全方向視点から一人の人間としての「成り立ち」を互いに見つめ合うこと。自分には、これが必要だったのです。

こう書けば、そんなことは当たり前なんですが、結婚に焦っていた当時は、判断できなくなっていました。

重大な「選択ミス」です。

右の枝、左の枝、その先の風景を見る余裕もなかったのです。

当時の私には、「先々を考えて決断したら、怖くて結婚できなくなるから、エイヤーと決めてしまえ」という気持ちもありました。

案の定、一年で離婚することになりました。「選択の大失敗」を20代でやってしまったわけです。昭和60年代の当時は、本家の長女が離婚となれば、家族も親戚も大騒ぎ。地元では離婚する人はほとんどいませんでした。

私は、失意のどん底に陥りました。「自分の人生はもう終わりだ。まだ20代なのに、もうお先真っ暗。私は傷物」と、大変落ち込みました。

そして何より、私の20代の大失敗は、周囲をとても悲しませてしまったことです。自分の選択ミスで、母や父が悲しくて泣いている、両親の人生まで台無しにしてしまった、自分のせいで…と思うとやりきれませんでした。

なぜ失敗したか、失敗から学んだ「次はこうしよう」

―妄想　結婚する可能性のない男性とは、私は付き合わないので、相手もそれを分かっていると思い込んでいた。

―現実　男性にとって、恋愛と結婚は別物。

―対応方法　自分が「男性だったら」という相手側の視点をもつようにする。そうすれば、どのような女性を子供の母親にしたいのかという男性の目線を、客観的に理解できる。

男性は、その時の好みや環境だけで、結婚を判断できない。恋愛する時の男性は、「理性より本能」で行動してしまう傾向がある。男性が結婚する時、将来の家庭像を描く。その時、理性や常識で判断するので、男性は恋愛の時とは別の脳で考えて判断している。

自分が「結婚を意識して付き合いたい」と思うのなら、その男性がどのような母像を求めているのかを先に知り、その像に自分をスライドさせてみる。もししっくりくるようならば、具体的に行動して一歩前に進めるという方法はとても現実的。

―**妄想**　女性は、男性が何を求めているかを知ろうとしない。自分の提供したものを男性は愛すると思っている。映画「愛と青春の旅立ち」のように……。

―**現実**　男性は、女性の価値を自分の尺度で測る。その価値観は、人によってかなり開きがある。

―**対応方法**　相手の家族を知る。母親との関係、家族の価値観、大切にしているモノと嫌いなモノを知る。最終的に相手の家族の金銭感覚と自分の感覚が合わない場合、家庭をうまく回すには、かなりエネルギーがいる。男性が求めているモノが、自分が提供できるものなのかを冷静に見定める。

相手のことが大好きだったり、恋の結晶作用がかかりすぎている場合は判断が鈍るので、家族など身近な人に早めに相談してみる。

自分を肯定する大切さ

自信を失って自己嫌悪になっていた私は、先輩が渡してくれた1冊の本に救われました。

「自分を愛することから始めましょう」

当時の私には、この言葉が、心に沁みました。

どんな自分でも自分自身を受け入れて愛してあげる、肯定してあげる。「だめな自分でもいいんだよ。それは仕方ない。それでいいんだよ」と自分自身を肯定するということを学びました。

どん底を経験したことがなかったので、自分の認め方が分かっていなかったのです。

あの時、この本をくださった先輩に今でも感謝しています。ありがとうございました。

（あの時の感謝は、今でも忘れられません。私も周りの人に本をプレゼントしていますが、私のあの救いを超えるプレゼントは、今の私にはできていないと思います）

いつか誰かに自分が受けとった救いを、恩送りでリレーできればいいなと思っています。

30歳で2回目の結婚

30歳目前、私は仕事でも失望していました。

会社という組織では、しょせん女性は上には行けないのです。全てのポストに男性が鎮座しています。少なくとも30年以上前、平成になったばかりの頃に私が勤めていた職場はそういう環境でした。

「女性は、職業で何かを身に付けて、それを武器に戦わなければ男性には絶対に勝てない。勝てないどころか、ずっとぶら下がるしかない」と思いました。

そこで、「結婚式の司会者」という技術職の仕事にたどり着きました。人を盛り上げて楽しい雰囲気をつくる仕事です。

もともと他人の性格や見た目、感情の傾向に敏感でしたので、自分は向いているかもしれないと思ったのです。

しかし、3年経った頃、自分の力に壁を感じてしまいました。辞めようかと真剣に考えました。

その時、ふと思い出しました。

―自分は、会社の一員じゃダメだった。男性の下にされる人生が、自分の人生でいいのか？

―「人の魅力を引き出す」という自分の得意分野を、生かせる仕事が他にあるのか？

―また断念するのか？

―堂々巡りになるだろう、自分は負け癖人間になるのか？

この時、既にバツイチでしたから、更に負けが重なります。

考えた挙句、諦めずに続けることにしました。

それから半年ほどで、自分の壁が一つ破れ、次の段階に上がることができたのです。

あの時に断念していたら、今も負け続けていたかもしれません。

あの時に感じた「自分はもう崖っぷちだ、これ以上、自分から逃げられない」という「選択の余地なし」という感覚が、一番のポイントで宝でした。

この崖っぷち感は、その後の人生で、5、6回訪れました。

あの時の逃げなかった経験があったから、毎回、乗り越えることができたのだと思います。「自分の壁を超えた」という体験が、困難な道を突破する最大の手だてになりました。

人生を仕切り直す

私は、人生を仕切り直しました。

「失敗は一つの経験に過ぎない」とポジティブに考え、前に進むことにしました。

さらに3年ほど経つと、司会の仕事で自己実現できていることを感じるようになりました。

この仕事は、やればやるほど奥が深く難しいです。ですが、ものすごく人間力が上がります。何と言っても初めて会う人に、人生の始まりから結婚を決めた現在までのエピソードやそれぞれの家族の歴史を伺ったり、結婚式に出席する家族や友達をインタビューしたりして、新郎新婦の人生に関わるというのは、とても壮大な仕事です。

しかも、司会者という立場から、普段は聞けないような内なる質問をしても良いのです。人が大好きになる深い仕事です。

真剣に仕事に取り組んでいる中で、2番目の夫に出会いました。

当時、所属していた司会事務所に、新人として私のところに研修にやってきたのです。それが長谷川高士です。30年以上前のことです。

長谷川高士は弊社の会長で、今は「私の元夫」ということになります。約3年間の結婚生活の中で、長男と長女を授かりました。

長谷川とは現在も、唯一無二の信頼できる仕事の相棒として、互いに励まし合っています。

話を少し前に戻します。

長谷川との出会いは、司会のレッスンでした。長谷川は人の心をまとめるセンスがあって声も良いため、男性司会が不足している業界では「一筋の光」のようでした。

司会の現場は、綺麗なホテルや豪華な式場です。見た目もスタイリッシュに自己プロデュースしなければなりませんし、司会の滑舌や発声、セリフもレクチャーしなければなりません。

20代後半の離婚騒動で周りに迷惑をかけてしまった私は、誰かのために何かをして自分の存在意義を見出したかった時期でした。

長谷川は、2年ほどで司会のプロフェッショナルになり、自分の会社でウエディング事業部を作りたいと言い出しました。

結婚式の司会は、ビジネスとしては難しいと感じていましたので、「やめた方がいい」と反対しました。しかし、意志が固いため、「それなら私も賭けてみるか」となりました。しかも、「やるなら結婚した方が合理的」ということになり、2人とも独身でしたからそのまま結婚することになりました。

その時の長谷川のプロポーズの言葉は、「馬車馬のように働かせてあげるから、結婚しよう」でした。

私は「うん、そうだね」と、なんの違和感もなく答えました。変なプロポーズですよね。付き合いゼロ日プロポーズです。

私の2回目の結婚は、「仕事の価値観バッチリの結婚」でした。「家賃を払って2人で生活するのはお金がもったいない」ということになり、長谷川の祖母と両親と私たち5人で、千葉市の長谷川家で暮らすことにしました。夫の親との同居です。

冷静に考えて、一緒に住んだ方が子供ができた時に仕事もできるなと思っていました。会社を運営するためには資金が必要ですから、できるだけお金を有効に使わなければならないと思ったのです。

結婚式の翌日に妊娠していることが分かり、その年の11月に長男が生まれました。

義父と義母と祖母に子育てを手伝ってもらい、仕事にも集中しました。育児と仕事の両立を、妻や夫だけで行おうと思うと、どうしても中途半端になってしまいます。

私たちの場合、家族の助けが絶対に必要でした。助ける側も助けられる側も、大きな意識改革が必要です。「男性と結婚する」というより、「相手の家族と結婚する」という意識をもたないと成立しない関係でした。

1回目の離婚の教訓から学んだので、2回目の結婚は価値観バッチリで、1回目の結婚とは真逆でした。

それなのになぜ、また別れることになったのか？

その答えは私の中に潜在していた「恋愛結婚が最も正しい結婚である」という妄想です。

『男女7人夏物語』や『東京ラブストーリー』などテレビドラマや純愛漫画全盛期を経ていたので、私にも知らず知らずのうちに妄想が根付いたのかもしれません。

2回目の結婚当時、30代中盤で、すでにセックスレスでした。この表現は適切ではないのですが、分かりやすいのでこう書きます。

このまま年老いてしまって良いのか思いあぐねている頃、仕事もどんどん忙しくなって、唯一無二の仕事仲間の長谷川と、仕事以外のことですれ違いが大きくなっていきました。

そしてついに、2回目の離婚です。

とはいっても、子供たちもいるので家にも行き来して、元家族全員で協力して相談しながら育てました。私にとって2人の子供たちが一番大切でした。

離婚後の子育ては、夫婦の関係性によっては大変複雑になりますが、何はともあれ、私は「過去の恨みにこだわらないことが最善」と定義づけました。

命に関わらないなら、ある部分は「記憶喪失になる」という思い切った選択ができるかどうか、子供が少しでも安心して暮らせるような「選択」をするために、「右の枝と左の枝の先々」を絵柄としてイメージしながら生活しました。

1997年から夫の家族と同居し、長男と長女も一緒に住んで、育児をしてもらいました。

夫の実家は、会社が家具店だった頃の20億円という大きな借入が残っており、仕事を辞めて育児に専念する選択肢はありませんでした。

義父や義母は外で働いていなかったので、私と夫の代わりに保育園の送り迎えをしてくれたりお弁当を作ってくれたり、毎日の家事を全て引き受けてくれました。

当時、ウエディング業界は全盛期で、次から次へと仕事が増えて、一瞬の気の緩みも許されません。

ですから、私は家事は何もしませんでした。敢えて「何もできない嫁」という立ち位置に自分を置きました（実際に料理を作るのは苦手です）。

親戚や家族からは、超ダメ嫁扱いで嫌な気持ちもありましたが、子供たちのためにすべてを丸く収めるには、悪嫁の立ち位置がベストの選択でした。家を仕切る女性は1人だけの方が上手くいきます。

やり方や考え方、世代の違う母と嫁が、一つの家の中で一緒に料理をするのは、ストレスともめごとが増えます。

キッチンや掃除洗濯などには一切口を出さず、子供の教育方針や食べ物も義母に主導権を委ねました。子供たちは義母を母のように慕い、義母も義父もどんどん若返って人生の喜びを見つけたようでした。

私のフォローとしての育児ではなく、夫の父母が主体の育児です。子供たちと義父母の関係は強い絆になりました。

子供たちも父母と義父母、曾祖母の人間関係の中で育ちますので、考えも多様化します。人の心を読むこと、空気を読むことが生活の中で身につきました。

40歳で3回目の結婚と出産

40歳になる頃、3回目の結婚と出産をしました。(現在も離婚していません笑)晩年で初めて「恋愛結婚」をしました。

「好き」という思いで結婚したわけですが、夫婦の間に子供も授かり、20年以上経った今の感情は、「好き」というよりも「普通」です。

あんなに好きで結婚したのに、しばらくすると「よく知っている幼なじみ」くらいの感じになるんですね。

この精神的に安定している関係を、「黄金プラトニック夫婦」と呼んでいます。セックスレスという言葉は、子供を授かりたい時期に使う表現ではないかと思っています。

ある程度、年月が経って精神的な人間関係の居場所が決まると、もう不要の行為になるのではないかと私は思っています。

なぜ黄金かというと、劣化（酸化）しないからです。いつも安定した状態が続き、平和な状態です。

人によっては、その平和が物足りないと思うことがあるかもしれませんが、そのエネルギーはぜひ仕事などに回しましょう。収入が増える確率が上がります。

恋愛結婚をして分かったこと

3回目の恋愛結婚で分かったことは、どんなふうに誰と結婚しても、必ず必ず絶対に、何かしら不満が出るということです。

結婚相手によって、その不満の内容の角度や種類が違うだけです。誰と結婚しても、不幸と幸福の割合は同じようなものです。

結果、不満の種類を選択するだけです。

3回結婚してようやく分かった長続きの秘訣を、結婚前の予習として挙げるとすれば、自分が絶対に嫌なことを「一つだけ」自己分析して、知っておいて下さい。同時に、自分がすごくうれしいことも「一つだけ」理解しておきましょう。

その上で、選択の「右の枝」と「左の枝」を作り、その先に葉や実を実らせる設計図を未来予想しておけば、選択が楽になります。

私は、結婚や離婚にチャレンジしすぎて、ずいぶん身の程知らずでした。自分で実践し、失敗して得た教訓です。代償は大きいです。

皆さんは私と同じような失敗はしないで、ぜひ反面教師にしていただき、最短コースで幸せをつかんでください。

話は戻りますが、私が41歳の時、3回目の結婚で生まれた娘も、同じように夫の両親と同居しました。なぜならば、義母はバリキャリで、60代後半でも稼いでいたからです。

このタイミングで一緒に住むことで、新しい家族の和が生まれると確信しました。

義父は、家族で1人だけ仕事をしていなかったので、疎外感がありました。でも、娘が生まれたことで、家庭が一つにつながりました。生まれたばかりの娘は、育児を一切したことがない義父にとって希望の光でした。義父は10年寿命が延びたと言っていました。祖父母孝行の娘です。

育児を全くしたことのない60代義夫に、産まれたての娘を育てるというミッションをお願いすることになりました。

私の仕事も相変わらず多忙を極めていましたが、この時期、2番目の夫との間で、小学生の子供たちの成長を見守る時間も必要でした。このため、通常時は2番目の夫の家に住み、1週間のうち2日だけ3番目の夫の家に帰りました。生まれたばかりの娘は、義夫を中心に、義母と私たち夫婦で協力して育てました。

やはりここでも、イニシアティブは義母にお願いしました。現在、大学生になった第三子の娘は、義母を母のように慕っています。2人の絆はとても強いです。

こうして私は、2つの家族と協力し合いながら仕事と子育てをしました。

育児のイニシアティブは、それぞれの家の義父と義母です。

ある意味、古来の古典的なチームワーク育児でした。

家族というチーム全員が全員を尊敬できる環境があって、本当に助かりました。

消えない葛藤

しかし、私の中では10年も20年も、今も消えない葛藤があります。他のお母さんたちのように、多くの時間を子供たちと過ごして、たくさんの想い出を持つことに対する憧れがあります。もし自分が次に生まれてくることができたら、子育てに専念したい、子供との多くの想い出の中で生きていきたいという「憧れ」です。

この気持ちを周りの人に打ち明けると、「あなたにはできない」「絶対無理」と全否定で即答されます。私には、ほしくても手に入らないもののようです。

そうなると、ますますうらやましくなるんです。子供のママ友の中には、家を守って家事全般をパーフェクトにこなし、素敵なお弁当を作ったり、生活の中に想い出が溢れていたりするママたちがいます。その様子を見るたびに、ものすごくうらやましくなります。

両立ではなく、融合

人口が減少している現在では、女性の仕事と家庭の両立は重要なテーマかもしれません。

でも、子供がいる場合、家庭と仕事の両立は本当に難しいです。どちらかに優先順位を置かなければならないからです。

母となって命を預かると、母性は本能的に子供を守るようになります。どんなに仕事を大事に思っていても、どんなに仕事の責任感が強い女性でも、子供を持った母には「命を守る」という使命があります。子供と家庭が最優先になります。

例えば、私たちの業界では、弊社のような専属司会の制度をとっている仕事もあります。毎日会社に通勤することはありません。このため、母になっても、良いバランスで働くことができます。

一方、正社員のようだったりに、月曜から金曜のお仕事ですと、子供との時間が限られてしまいます。一般的な会社員ですと、会社の上司や仲間に、どうしても迷惑をかけることになります。

母親が会社の居場所がない理由の一つに、急なお迎え問題があります。「熱が出たので、迎えにいきます」「子供が風邪をひいたので、明日出勤できません」

そうなると、誰かがカバーをしなければなりません。みんなの仕事が予定通りにいかなくなるのです。

これは会社組織としては重要な問題です。会社の先にはお客様がいらっしゃいます。そのお客様との約束や取引先との約束を守るために、誰かが急きょ出勤しなければなりません。そんなことが繰り返されるのです。周囲から「ああ、またか」と思われます……。

でも、誰にも罪はありません。双方とも懸命にやっているのです。

どんなに考えても、「両立」という言葉がしっくりきません。そこで、新しい言葉と概念を見つけるのはどうでしょう。

例えば、仕事と家庭の「両立」ではなく、家庭と仕事の「融合」です。

How to find a life that suits you and a life of freedom.

第3章

未来予想の設計図を自らで描くことが
人生においてどれだけの実りを生み出すのか。
ぜひ、想像してみて下さい。

自分の未来は
今の自分が
決めて良い

How to find a life that suits you and a life of freedom.

「50歳から100歳をどう生きるか」、ここに集中してみましょう。人生の後半こそ、実りある生き方がかなうのです。

女性は、生き方が難しいです。

いくつもの分岐点があり、究極の選択を繰り返し、時には大きな困難に立ち向かいます。その繰り返しがあることで、長い年月と経験を経て「脳が刺激されて訓練されて」頭がよくなります。ボケていられないのです。

諦めず、決めつけず、自分に問い続けてください。

「まだやれるか、まだいけるよね!」

何歳になっても、自分の可能性に真剣に向き合って下さい。

それでこそ、女性というものです。

ウエディング業界にいると、さまざまな生き方の女性やご夫婦と触れ合います。

私自身が数々の経験や失敗から学んだ「迷い発、後悔行き」の回避策をお伝えします。

―Q　なぜ男性は、社会の中で常に有利な立場なのでしょうか？　こんなに頑張っているのに、女性は不公平ですし、どうせ無駄と思ってしまいます。

―A　男性と比べたり敵対したりしないで、違うアプローチで男性側からの共感を得るようにしてみて下さい。

例えば、男性には「応援される側」に立ってもらいます。

男性の本質を知れば納得すると思います。

―理由　長い年月をかけて組み立てられたこの社会構造の中で、女性は同じフィールドでは男性に勝てないからです。

だからこそ、別の本質的なフィールドに立つのです。

男性だって、「女性はずるい、女性には勝てない」と思っていることがあります。その女性の特性を、逆に使えばいいんです。

例えば、優しい声でお願いしたり、弱みを見せたり、本音を言ったり……。これらの行為を自然体でやってのける女性を見ると、男性は「ずるいな」と思います。

女性から見て「男性はずるい」と思っているのと同じように、男性も差を感じています。

男性社会は、正しい序列でできています。間をすっ飛ばしたりしたら、はじかれたり叩かれたりします。

一方、女性は、中間を飛ばして天真らんまんに、お話したり、意見を伝えたりすることができます。

また、女性は彩りのある服装で相手を華やかな気持ちにさせたり、魅力を発揮したりすることも許されています。公式な場で、綺麗な色や柄のスーツを着ることができるのは女性だけです。
男性がそんな目立つ色のスーツを着ていたらどうでしょう？
女性は視覚的に聴覚的に、周りの感情をコントロールする「魔法」を使えます。
その特権や特徴を、大いに生かしましょう。男性の社会をジャンプアップするのです。

すべての男性は女性から生まれます。これは真理です。
多くの男性は女性（母親）の言いなりになって育ちます。（少なくとも10歳くらいまで、もしくはずっと長い間）
母という女性に頼り、命を預けて育つのです。
男性は潜在的に女性から愛され、褒められ、守られることを望んでいます。（無自覚の方も多いですが）

女性は、その心理を理解して男性を育むのです。
それは、女性の生き方としても幸福です。女性は「頼られて愛を感じ、守りたいという慈愛」を持っています。

私は、20代後半から多くの女性たちと共に働き、結婚するたくさんのカップルとその母親や、さまざまな家族の形に30年以上触れてきました。

そこで感じたのは、女性は男性を上回る「生命力と許容に満ちている」ということです。

世の優秀な多くの男性は、女性に守られて励まされ、「社会で大活躍」しています。男性は、女性という大きな土台の上で、力強く立っているのです。

皆さんの周りにいる素晴らしい男性を思い浮かべてみてください。「強い妻や母など身近な女性」が支えている様子が目に浮かぶのではないでしょうか？

悪妻は夫のためにある

ここで本書のタイトルに戻ってみます。

「悪妻」といわれる妻は、本当に「悪」なのでしょうか？

私は、「悪妻が夫を社会的に強くする」と考えています。私自身も悪妻道を目指してきました。


では、「悪妻」とは何でしょうか？

私の思う「悪妻の定義」は、「あれこれ世話を焼いたり尽くしすぎたりしない。お互いに自分のことは自分でやる。だが、夫が困っている時やどん底の時は、全力で支え励ます」です。


悪妻が大事にしているのは、外でも家庭でも「人の悪口を言わない」。人のことを蔑んでいると、自ら運気も下げかねません。他人の悪いところに気を取られすぎると、良いところに気付く時間が減ります。

家庭内で、「悪」を思いついてしまったら、家庭で感情を押さえすぎてはいけないので、その時は「お笑いテイストに仕上げてから」言葉にしましょう。微笑ましいオチがあれば、悪口も愛に変換されますよね。

そして、家庭内では、夫から、次のような楽しみを奪わないでください。

―夫自身が、家事を自分で考える面白さ

―自分で家事を行う主体性

―自分で作る手仕事の工夫

このように家庭の中にも、仕事以上に工夫が生きる作業はいくらでもあります。その作業や行動が、脳を進化させ、飽きを防ぎます。

妻が尽くしすぎるのは、良くないと思います。

というのも私自身、子供の頃から母親に何でもやってもらって育ちました。

その結果、20歳を過ぎるまで、自ら家事などをする喜びを知りませんでした。そればかりか、自分が不便に思う時は、いつも誰かのせい、周りのせいにしていました。

当時の私は常に不満だらけで、自分の運が悪いのは親のせいだと思っていたのです。

(脳が退化していました。)

何でも誰かにやってもらい、何でも誰かのせいにしていました。


私がそのことに気付いたのは、もっともっと運が悪くなったからです。

20代半ばで離婚して、自分の運は最悪だと誰かのせいにしたかった時、私には何もありませんでした。何もないどころか「この人生は地平線からマイナス100mの谷底だ」という感じでした。

いつも気にしてくれていた親を悲しませ、自分なんていなかった方がよかったと暗い気分に支配され、グルグルと深い闇に落ちていました。

ある日、「不満や人の悪口、愚痴を言うのをやめてみよう」、自分への約束を思い付きました。自分のことが大嫌いになっていたので、抜け出したかったのだと思います。

とりあえず1カ月間、何も考えずに、その約束をやってみることにしました。

1カ月ほど過ぎたある日、会社の先輩に言われました。

「悪口とか愚痴とか全然言わないよね、話していて気持ちがいい」と。たった1カ月間、実行しただけで、自分を褒めてくれる人が現れたんです。

認められて褒められたことで、少しだけ「私って良いな」と、自信を持つことができました。

それから10年ぐらい、失敗しながらも少しずつ続けていました。

私は元来、常にメラメラ燃えるような感情や正義感が湧き上がることがあります。

そのせいで言葉で人を傷つけたりしたと思います。そう思う度に自己嫌悪になって、自分を否定しました。

そんな中でも、時折褒められることもあって、少しずつ自分と他人の距離を客観的に眺められるようになりました。

40代になる頃には、奈落の底マイナス100mくらいから地上海抜5mくらいの自己評価に上がっていました。

その後、3回目の結婚をしたのですが、「悪妻こそ最良」という考えにたどり着いていました。

愛ゆえの着地点です。

20代の私は、「尽くしたい」という自分の満足のため、夫の世話を焼いていました。ですが、数々の失敗を繰り返し年齢を重ねる中で、考えが変わりました。

それは夫のためにならないと思うようになったのです。

その後、私が夫に捧げたのは、女性の得意分野の一つである「励ます、褒める」です。

40代になった私が、夫に捧げた愛情の形は、尊敬の気持ちを込めて「時に褒め、時にけなす」そして「夫の母親を大切にし、母親を尊敬する」でした。

多くの男性は母親を本当に愛していますから、その母親を大切にすることは、夫を大切にすることと同じです。もし、夫の母とうまく交流が取れない場合は、とにかく話し合いの時間が必要です。夫の母親を尊重するスタンスで話し合いができる環境も必要です。

悪妻は「何もしないふり」と「得意分野で勝負する」という2本柱です。

女性は持ち味と特性を生かして自分らしさを出すことで、家庭でも仕事場でも、男性に負けない居場所を獲得します。人の集まるコミュニティを一つの国にたとえるなら、家庭は小さな国で、会社は大きな国です。日本の国はもっと大きな国です。世界も一塊の国です。

一つの国には必要な役割がいくつかあります。女性の強みを出せる役割と居場所を確保できれば、最強の役目を果たすことができると思います。

同じフィールドで男性と戦うのではなく、別の次元から男性を認識する。例えば「男性から好かれ、頼られる」という立ち位置に回ることで、自分の居場所の最短距離が見つかるはずです。

自分のフィナーレの〝点〟は、自分で決める

―Q　自分の終盤は、自分で決めますか？　最後の点を決められますか？

―A　自分で決めて、自分で描きましょう。フィナーレの点である「死」を見ながら地図を描きましょう。

自身のアイデンティティーを知れば、自分の人生の目的地が分かります。

そもそも「私のアイデンティティー」って何なんでしょうか？

簡単に言うと、「私ってこんな感じだよな、これ私らしいよね？」ということです。

心理学では「自我同一性」と表現されています。

英語のIDENTITY（類似語はNAME）、日本語では「自己が他者と違う自分自身であるという意識、自己認識」ということです。いろいろな場面で耳にする言葉ですね。


自分のアイデンティティーを自覚するために、まずは「自分が好きと思うこと、自分が嫌と感じること」を知る。そこから自己分析が始まります。


自分に問い続けていると、そのうち自分の魅力にたどり着きます。

例えば、以下のように……。

「自分はコツコツ働いたり、楽しいと思うことに長時間集中したりするのが好き。

一方、知らない人と打ち解けることは苦手。楽に話せるようになるまでには時間がかかる」

「自分の自由時間や休日などにダラダラしてしまった時、罪悪感と自己否定に似た気持ちになる。逆に、学びや新しい体験の自由時間を過ごした時は充実感を感じる」

このように自己分析した時、自分のアイデンティティーは何でしょうか。

「楽しいと思うことや好きなことなら、どんどん進む。集中して継続できるという特徴を持つ私」を知ることができます。

一方、他人に対して警戒心があって、自分の心を露出することに抵抗を感じる、慎重で臆病な自分。自己防衛本能が強いのかもしれない場合は、「自分には傷つきやすい弱さや繊細さがあるのかもしれない」ということも分かりますね。

自分が人生の目的とするような長く関われる仕事を見つけることができれば、その分野でアイデンティティーを持つことができます。

一方、さまざまな人間関係がどんどん巡るような変化の激しい環境では、自分の満足いくアイデンティティーは確立されないということにも気づきます。
その気付きによって、自分の目的地を描くことが容易になります。目的地が分かれば、その時点でやっと、長い人生の目的地までの地図を描くことができるようになります。

例えば、私のいるウエディング業界では、20代や30代の若い方々が働いています。社内には40代から50代のベテランの司会者さん、音照さん、映像さんもいます。60代でも、元気いっぱい絶好調という方もいます。そんな人生の中堅プレイヤーの皆さんの元気の源は、「フィナーレの点まで稼ぐぞ！」という未来の地図をイメージできるからです。

結婚相手の相談や結婚式の相談にいらっしゃるお客様は、20代や30代が中心です。ご両親世代の50代や60代の方々からも、いろいろなご相談を承ります。
さまざまな年齢層の方々と身近に接しますが、実際に人生の終盤をどのようにイメージしているでしょうか？

先日、あるお客様と雑談していて、「老後」の話題があがりました。「そんな先のことは考えていない。先のことは誰にも分からないから。来年や再来年のことは考えるが、50年先や60年先なんて考えても仕方がない」と仰いました。

確かにそうです。

しかし、一方では先のことをイメージしていようといまいと、今も明日も明後日も、日々選択を迫られます。どんどん決断していかなければなりません。小さな選択、大きな選択、簡単な選択、決めかねる選択、ありとあらゆる選択をしながら進んでいきます。

フィナーレの点を意識した選択シミュレーション

選択には、小さくて重要でもないと思われるものもあります。例えば、「今日の夜、何を食べるか？」という選択です。

とんかつかカレーか、肉か魚か、カップラーメンか？

毎食、小さな選択の繰り返しです。このような小さな選択でも、未来につながる大事な選択です。具体的に選択を想像してみましょう。

フィナーレの点のイメージがある場合

現在40歳。絵を描くのが好きなので、自由な時間ができたら、いろいろな場所をスケッチして回りたい。

１００歳まで生きて、「１００歳の誕生日に画集を出す」という60年後の具体的な目標がある。

―ポイント　目標に向けて「健康」で長生きしなければなりませんから、毎日の食事にも気を付けます。毎月の血液検査などで、少しでも数値が悪い場合は真剣に健康管理をします。

フィナーレの点のイメージがない場合

現在40歳。60年先のことは特に考えていない。苦労しながら、くどくどと長生きしたくない。ぱっと咲いて、ぱっと散るのがいい。１００歳までなんて、生きたくない。

―ポイント　毎日の選択である「食事」が、どんなに健康に影響するのかもイメージしていません。好きなものや食べたいものを感覚的に選んで食べます。話題の店、肉やラーメン、ジャンクフード……。食べたいと思ったら、気にせず食べます。お酒も好きなので、毎日の食事を楽しみにしています。

「食事の選択」という小さな繰り返しでも、自分の未来は変わってきます。40歳時点の選択で、「右の枝の先の未来」と「左の枝の先の未来」の分岐点で大きく分かれます。

「イメージがない場合」は、終盤に健康で過ごせる確率は「イメージがある場合」よりも下がりますよね。「イメージがある場合」と「イメージがない場合」とでは、60年後の未来の風景は大きく分かれてしまいます。

毎日の小さな選択の先にあるものは、「60年後の点」の場所です。

どのような終盤の点でしょうか。予定通りに生きて、夢を描いて叶えているのでしょうか。あるいは、パッと散れるのでしょうか。

「フィナーレの点」をイメージする方が、自分らしい終盤を迎えられそうですね。

今、何歳だったとしても遅いということはありません。フィナーレの点を今からを想像して、未来地図を描けばよいのです。

「食事」という小さな選択から始まり、収入に直結する大きな選択まで、自分で想像して自分で未来を決めましょう。
そして「自分で行動」します。
これは、気分がいいですね。

実際にあなたは、どのような人生の終盤を迎えたいですか？

自分の本質をあぶり出す

―Q　自分が楽しいと思える時は、どんな時でしょうか？

例を挙げてみましょう。

ⓐおいしいものを食べている時↓本能

ⓑ寝ている時→本能
ⓒ好きな映画を見ている時→逃避（あるいは創造）
ⓓ趣味の園芸をやっている時→創造
ⓔゲームに没頭している時→逃避（あるいは創造）
ⓕ褒められた時→自己肯定
ⓖ難しいことができた時→自己実現
ⓗ好きな場所に旅行している時→知的達成（あるいは逃避）
ⓘ自分の言葉で相手が歓喜していると思った時→自己実現

自分自身で思い付くものを列挙して分析していくと、あなたの本質が見えてきます。

回答に挙げた中で、特に大事なⓕ、ⓖ、ⓘについて、実際に具体的に掘り下げてみましょう。

ⓕ褒められた時 → 自己肯定

―伝えたいことがあって一生懸命に話をしていたら、相手から「声がいいね、分かりやすい、思いが伝わってきた」と褒められた。声はコンプレックスだったので、褒められて驚いた。その時、ふと昔のことを思い出した。10歳の頃は自分の声が好きだったし、遺伝的には親も声が良かった。

―伝える楽しさや伝わる喜びも、自分の得意分野なのかもしれないと思った。

ⓖ難しいことができた時 → 自己実現

―人前で話すことが苦手だった。緊張してしまうので声が震えて恥ずかしい。

―きっとうまく伝えることができないと思っていたのだが、ある日、プレゼンの機会があり、練習してから実際にやってみると意外とうまくできた。その時、自分の得意なベクトルが見えたように思えて、少し自信がついた。

ⓘ自分の言葉で相手が歓喜していると思った時 → 自己実現

—相手の良い部分を見つけることが好きだ。

—見つけた良い部分を相手に伝えて、相手の反応を見るのも面白い。役に立った感じがうれしい。

—自分の長所とは思っていなかったことが、ある日、初対面の相手にかけた言葉が的を射ていて、しかも、それは相手が褒めてほしいと思っていたポイントだった。相手はとてもうれしそうに「あなたに会えてよかった」と言ってくれた。自分のかけた言葉で相手が幸福感を感じるという体験は、とても良いものだった。記憶に残り、またそうしたいという欲求が生まれた。

前述の3例をひも解くと、自分のアイデンティティーが何なのかが見えてきます。他人という鏡に映る自分は、「自分自身がこうありたいと描いている自分」です。そういう鏡を見ていたいのです。

「自分は人から褒められて喜ばれ、人と人を円滑にポジティブにつなぐという役割を自分自身も望んでいる」、それが分かってくるのです。

人から望まれることを仕事にできれば、何歳になっても収入を得ることができるはずです。

その要素を持って、「フィナーレの点」までどのような地図を描いていくのでしょうか。

その未来予想の設計図を描いていきませんか？

いつから初めても良いのです。そうすればきっと、選択が楽になります。描き始めたその日から、小さな選択から大きな選択までシンプルに選択できます。

選んだ意味を感じながら、「右の枝」か「左の枝」かを決めて進めるのです。

しかも、枝の先には綺麗な葉や実が見えていますから。

第4章

「男性」という生き物を理解しないまま
男性が求める「理想の妻」を目指すのはとても危険。
まずは男性の性質を大まかに把握しましょう。

How to find a life that suits you and a life of freedom.

男性の本質を
大まかに
把握する

How to find a life that suits you and a life of freedom.

50代になると、「男性」の弱さについて考える機会が増えました。
同居していた2人の舅《しゅうと》（元夫の舅《しゅうと》、現在の夫の舅《しゅうと》）が、同じ年に他界したのです。

身近な人が亡くなる時、私はその人の一生を振り返ります。人生の終点が決まることで、結果から逆算してその人の50代、40代、30代、20代とさかのぼって思い出し、映画のシーンのように頭の中で繰り返して考えます。

そうすると、その人の人生の山谷が見えてきます。生前に話していた言葉や行動の理由が浮かんできます。

義父が亡くなった時、私が感じたのは「男性は女性に守られて生きるものだ」ということです。

体力・気力が整っている40代後半まではどんどん突き進み、仕事も交友も盛んで、「人生に多少のことがあっても何とかなる」

陰で支えているのは母や妻です。その母は、他界しても、陰から息子を精神面で支えているように感じます。あの世から息子を見守っているんです。息子の方もそれを感じているように思います。

多くの場合、母と妻には共通点が見られます。

結婚式の現場でもそうです。男性（新郎）が選ぶ妻（新婦）は、新郎の母に似たタイプです。性格と容姿どちらも、あるいはどちらかが似ています。

男性は、見えない母（他界した母）と、見える母（妻）に、心身ともに支えられて安心して行動できているんです。

男性は、60代が近づいてくると、あちこち痛くなったり病気になったりして、徐々に活気がなくなってきます。

この時もまた、妻が母のように叱咤激励して、「薬を飲み忘れていない？」とか「これは食べちゃダメですよ、飲みすぎちゃだめですよ」などと世話を焼きます。

そしてようやく「フィナーレの点」がやってきます。妻に守られながら、母の元に旅立っていく義父を見ていて、男は守るものだと感じました。全ての男は女から生まれ、女の元に帰っていくんですね。


女性も母から生まれますが、女性は自分が母になって同一化し、「見守る固執」から「体内で消化されて昇華する」になるのかもしれません。

子供を産まない女性でも、自分の特性を生かして不特定多数の人々に影響を与えたり、自分の技を伝承していきます。自身の特定の子供を持たないことで、かえって多くの人に愛を注ぎ、歴史に残るような継承ができるのかもしれません。

2024年に五千円札の顔になった津田梅子さん（第6章にその人生を詳しく記しています）もその1人ではないでしょうか。

男性は何歳になってもモテたい

ある50代後半の男性と雑談していた際のエピソードです。

プラトニックライフについて私が話すと、反論がありました。

「60代以上の男性でも、性のエネルギーが仕事の活力になっている場合も多いんです。阿久津さんの言うように、生殖年齢を過ぎたら出家というわけにはいかないのが男というものなんですよ」

よくよく話を聞いてみますと、確かに性欲が仕事のモチベーションにつながっていることが腑に落ちました。性欲は概ね若い男性が悩むものと思っていましたが、年齢に関係なく悩んでいる男性が多いようです。

つまり、「男性は、何歳になっても常にモテたい」のです。

男性という性の特徴でしょうか。自分の子孫を残すためにつくられた身体のメカニズムなので、意味は分かります。

そして、その子孫を残すための行為には、「心の愛」は関連していない場合も多いのです。

女性の側としてはあまり共感できませんが、そこが「違い」ですから、仕方がありません。

では、精力旺盛な男性の行動や、浮気などの不貞と思われる出来事を、女性はどのように消化すればよいのでしょうか。

話を分かりやすくするために、「結婚している夫」を前提にします。その場合の対応策の選択肢は、

ⓐ本能に従って行動する理性的でない夫を、徹底的に弾圧する

ⓑ夫の浮気の理由や浮気内容を明確にして、夫とよく話し合って落としどころを決

める
ⓒ見て見ぬふりをする
の3つが多いと思いますが、「誰がいつ浮気するか」によって、対策は変わります。

―仕事のモチベーション＝性欲　が明確で、
仕事も成功して収入もそれを実証している場合

この場合は、ⓒを適用して様子をみましょう。制限すると、仕事へのモチベーションが失われる恐れがあります。

―性欲を抑えることができず、
他人や社会に迷惑をかけてしまう可能性がある場合

この場合は、ⓐを適用してみましょう。
具体的には使えるお金を制限し、夫の行動が把握できるようにします。
本能の赴くまま生きるデメリットを丁寧に伝え、繰り返し会話をします。

妻として、夫に無関心だったり、冷たく当たるなどの行為は控えます。

人間も動物の一種なので、理屈通りにはなかなかいかないと思って、辛抱する時期を想定します。

度を超えている場合は、離婚を選択肢の一つとして設計図を書いておきます。

――若い頃から「モテる夫」の場合

この場合はⓑをオススメします。モテる男は、何歳になってもモテます。浮気をすることでお金や財産を消費している場合は、未来の生活（老後）に支障が出るので、やめてもらうように話し合いましょう。

その浮気が仕事に役立っている（？）のであれば、メリットとデメリットを夫婦で話し合って結論を出しましょう。結婚生活を続けていくためには、経済的安定も大切です。

―最近モテるようになった場合

結婚してからモテるようになるケースは「妻が良いから」です。

自分に自信をもちましょう。この場合もⓑをオススメします。その上で、浮気のデメリットを夫に分かるように伝えましょう。根気よく、感情的にならず、何度も話し合ってください。

リスクを考える

例えば、離婚、別居、社会的な不利益などのリスクがあった場合、合致点が見当たらない時は別の選択肢を想定しておきましょう。

私の考える回避の理想は、浮気は、一度は許して次につなげるのが良いと思います。

仕事でもそうですが、一発退場は厳しすぎます。誰でも経験しながら成長していきますから、過ちは成功の礎でもありますので。

そして、30代、40代、50代、60代と、十年に一度ぐらい過ちを犯したり、犯しそうになったりします。ですから長い目で、自分と相手の関係を見つめていってください。


前出の男性から聞いたエピソードをお話しします。男性を理解するわかりやすい例だと思います。


ある社長さんが70代を迎える頃、妻が先に他界してしまいます。事業をしていたのですが、もう引退したいと考えました。

ところが、ある日、50代の女性と出会います。社長さんは恋に落ち、若々しい人生を取り戻します。

長い間、性と離れていましたが、70歳を過ぎて巡ってきた喜びに次の行動を起こします。再婚です。

子供たちは大反対しますが、生前贈与で折り合いをつけて結婚します。

今、85歳になりますが、「まだまだ仕事もバリバリやるぞ」という意気込みだそうです。もし、その女性に出会わなければ、年金暮らしの老人になっていたかもしれません。社会のため、自分のために経済活動を続けている85歳の男性は、男性にとって一つのお手本なのかもしれません。

男性の性を、女性の皆さんはどう消化しますか？

私の選択方法は「そのことによって幸せになる人の幸福質量と、そのことによって不幸せを感じる不幸質量の比重を見る。そして自分の納得と幸福質量を足して割り算して出した答え」、その数字に納得感があれば、「進め」の駒を取ります。

分かりやすく、迷わず選択できて後悔しない方法だと思っています。

家庭は癒やしの場であるべきか？

商社に勤務していた頃、遅くまで仕事をしている管理職の男性に「遅くまで大変ですね。締め切りが迫っているんですか？」と声をかけたことがありました。すると彼は、「早く家に帰ってもしょうがないし。仕事残したくないし」と言いながら、ひたすら仕事をしていました。彼は、仕事熱心で結果も出していて、クライアントからも一目置かれていました。

一方、結婚したばかりの男性社員さんは、定時の5分前にはデスクを片付けて、時間ちょうどになると「お疲れ様でした！」と意気揚々と帰宅していきます。

定時上がりの男性には気を使ってしまって、「ちょっとこれ見て、こんなメールが来てたよ。クイックレスポンスで返せば、仕事につながるかも」などと声をかけるのも憚《はばか》られます。

上司も空気を読みますし、そもそも帰ろうとしている人に押し付けるみたいに残ってもらっても、空気が悪くなるだけです。

遅くまで仕事をするのも色々問題もありますが、家に帰るのが楽しみすぎて定時を待つという姿勢を見せてしまうと周りも気を使います。

小さな積み重ねが、仕事で結果を出したり、上司に期待してもらえて出世したりするわけです。定時に帰るパフォーマンスは、昇進につながる確率は下がるかもしれません。

もっとも定時で帰っても、成績を上げて結果を出していれば、ちゃんと評価されますので問題ありません。

よく耳にする話ですが、癒やし系のほのぼのとした奥さんがいると、外でバリバリ戦う夫にとっては、別世界にいるような癒やしがあって気が休まります。適度なリラックスは精神的にとても良いことだと思います。

ただ一方で、長い連休など続けてお休みする場合に多いのが次のような状態です。まったりと癒され、脳停止状態で何日も過ごすと、会社に行くのが嫌になり、緊張感をもって仕事をするのがおっくうになってしまいます。

家の居心地が良すぎるので、満員電車や失敗が許されない職場環境とのギャップを激しく感じます。

事実、私の2番目の夫は、無類の癒やし系です。顔は福顔、険しさや緊張感は一切ありません。声は丸くて穏やかで、低いトーンが心地良いです。性格は、「何事も詰めない」です。

何かあっても、追及したり質問したりしません。何があっても、まったりしています。「たれパンダ」や「ぐでたま」に「サメにゃん」を混ぜて、「すみっコぐらし」で割り算した感じです。面白いキャラなので、一緒にいると私まで面白いことを優先したくなります。

結婚していた当時、よく言っていたものです。
「一緒にいると、怠けたくなっちゃう。楽なことばっかりやって毎日が過ぎていきそうで、危機を感じる」と……。
彼は、そんなふわふわした性格なので、家族の約束はすぐ忘れます。連絡も適当で、してこなかったり、すっかり忘却の彼方だったり……。全体が曖昧なのです。

社長として、タイパ良く仕事をしたい私にはテンポ感が合わず、相当ストレスが溜まりました。もちろん、夫本人の本職である司会の仕事では、人を気持ち良くさせる声の持ち主なので、その個性を充分に発揮し、ロングランで人気者です。ただ、その癒やしの存在と常に一緒に居ることは、一種のリスクがあることも承知しておきましょう。

私が思うに、自分自身や周りの人を成長させるためには、「緊張感」と「称賛と刺激」の繰り返しが必要です。

仕事において、少しも緊張しないとすれば、脳はフル稼動で動いていないので、才能は発揮されません。緊張はストレスの仲間ですが、緊張とリラックスの適度なバランスが大切です。すべて避けるのではなく、丁度いい量は歓迎しましょう。

そして、そのドキドキの後には、「良かったよ！」「やった、やり遂げたね！」といった賛辞や、自己達成感の刺激、あるいは、「失敗しちゃったね。でも、大丈夫だよ」といった激励の刺激などがあると、さらなる成長につながります。

このサイクルにうまく男性を納めることができれば、後は続けるだけです。男性は生涯成長し続けることでしょう。

なぜ、夫は癒やし系の妻を求めるのか？

最近、「癒やされる」という言葉をよく耳にします。良い言葉です。

癒やしの要素を分解していくと、「癒やされる」と感じる要素にはいろいろあることが分かります。

——見た目

——匂い（香り）

——音（声）

——空気（温度）

——味覚

これらの要素には、「コントロールできるもの」と「コントロールできないもの」があります。

―見た目

見た目は、「難コントロール」です。例えば、背が高い、かわいらしい、美しいなどの見た目はコントロールが難しい要素になります。

―匂い（香り）

匂いは、「可コントロール」です。例えば、医学的に実証済みの癒やされる匂いを選択したり、あるいは、相手が癒やされると思う香り、相手の好みの香りを使用します。

―音（声）

声は、「難コントロール」です。ただし、訓練や性格の変化によって、意識すればコントロール可能です。結婚式の仕事では、訓練する場合もあります。話し手である妻の声質で、癒やされるかどうかが決まります。例えば、少し低め、ゆっくり話す、1／fゆらぎの周波数がある、自然に話すスピードを1分間に250文字前後にするなど、癒やしの音を意識して出せばコントロールできますが、難易度は高めです。

―空気（温度）

空気は、「可コントロール」です。例えば、室温26度前後、湿度50％前後、さらには空間の広さなどです。

―味覚

味覚は、「可コントロール」です。例えば、夫がおいしいと感じる料理や、リラックス効果のある「四大幸福ホルモン」などです。

5つのうち、見た目と声のコントロールは、難易度が高いです。なので、「人に癒やされたい」といった理由で癒やし系の妻を求められた場合、本質的に難しいケースがあります。

にもかかわらず、妻に癒やし系を求める男性は多いです。

妻としては、求められれば、夫に提供したくなります。

それは、良い関係を築きたい、好きになってもらいたい、希望をかなえてあげたいと思っているからです。結婚に至るまでの「恋愛」や「おつきあい」の過程で、そのようにふるまってしまう女性がいます。

ですが、本来の自分はそうではないのです……。


結婚後も、相変わらず癒やし系を貫こうとして、頑張る妻。

しかし、無理がある。

無理して頑張っている妻に、気付かない夫。

ある日、何かの出来事と相まって、爆発する妻。

意味が分からず、面倒くさいと思う夫。

「私がこんなに頑張っているのに」と思う妻。

そんなタイミングで、夫が他の女性からモテて、夫がノリと流れで浮気をする。

夫の様子から、妻が浮気を察知する。

関係性の悪化。

「裏切りだ」と思う妻。

罪悪感はあるものの、面倒に思う夫。


離婚あるいは我慢の「右の枝」と「左の枝」。その枝の先に見える葉や実は？

「癒やし系」は良い言葉ですが、目指すものでもなければ、無理して作るものでもないのです。コントロールできる範囲で提供するだけで充分と言えるのではないでしょうか。


一方、「難コントロール」の分類に入る女性は、最初から癒やし系を目指しません。

こういう女性たちには、恋愛も付き合いも結婚も、「ありのままの自分で勝負するしかない」という覚悟があるのです。

How to find a life that suits you and a life of freedom.

第5章

「良妻」と「悪妻」
「賢母」と「謙母」
時代が求めているものは、何でしょうか

男を上げる
悪妻・謙母の
考え方

How to find a life that suits you and a life of freedom.

癒やし系を目指してもうまくいかない場合は、「ありのままの自分」で勝負する覚悟が必要です。恋愛も付き合いも結婚も、ありのままの自分でいくのです。

では、ありのままの自分って何でしょうか？

結婚式の現場にいると、「理想の家庭や理想の妻」というお話が上がります。この質問をすると、新郎新婦は、「こういう時は、〇〇と答えるんだよね」「普通、〇〇と言うでしょう」といった、これまでの常識で答えることが多いです。

例えば、「どんな家庭にしたいですか？　理想の家庭は？」と質問すると、「笑顔あふれる家庭」「明るくて笑顔が絶えない家庭」「癒やされる家庭」などといった答えが返ってきます。

聞いてる私たちも、「そうだよね、うんうん。二人ならできる」と、温かい気持ちになるものです。

では、実生活ではどうでしょうか？

それは、「良妻賢母」じゃなくて、「悪妻謙母」の方が良いのです。

良妻という言葉の違和感

なぜ、「悪妻謙母」が良いのかを語る前に、まずは「良妻とは何か」を考えることにします。

私は、「良妻」という言葉には違和感があります。そのように感じた時のエピソードをご紹介します。


2010年、娘の受験先の小学校を選ぶために説明会に出席しました。その時、名門女子校の校長先生の言葉に衝撃を受けました。

「私どもは、良き妻、良き母を育てるための女子教育を行ってまいります」

上品な小さな声で、ひらひらと花びらが舞うような話し方で校長先生はそう仰ったのです。

私が「娘に必要」とイメージしていた要素とは真逆でした。100年前にタイムスリップしたような感覚を覚えました。

先生が仰った「良き妻」の真の意味は分かりませんが、講堂内に満ちていた空気はまさに良妻賢母という像でした。美しく理想的な世界観ではあるものの、私には現実離れしているように思えました。

当時、娘には「たくましく生きる力を身に付けてほしい。どんな時代が来ても、生き抜ける女性になってもらいたい」、男性にぶら下がるだけではない、男性をも支える頑丈さを身に付けてほしいと思っていました。

現代のように、女性に期待される社会的役割や生産性を考えると、さらに役割の歩みを進めることが求められていきます。

良妻が支えていた100年前の男性像と、現代の男性像とでは、違いがあります。社会全般や会社も全く違います。

昔の良妻では、現代の男性に潜在している才能を開花させることはできないのではないでしょうか。

現代社会は、昔と違って「崖っぷちに立たされる危機感」が生まれにくく、避けて過ごせる道も選びやすくなっています。

ですから、外部の会社や仕事ではなく、家庭で夫を大いに刺激してその本来の才能を伸ばすことが、夫のために必要だと考えています。

悪妻とは聡明で強い女性のこと

「悪妻」といわれたら、あなたはどのようなイメージをもちますか？

偉人の妻の中には、「悪妻」といわれる妻が多くいます。

例えば、「世界三大悪妻」といわれているのが、ソクラテスの妻クサンティッペ、モーツァルトの妻コンスタンツェ、トルストイの妻ソフィアです。

そして、「日本の三大悪妻」といえば　北条政子、日野富子、淀殿（浅井茶々）という顔ぶれ。

それぞれ、強烈なポリシーを持った妻として語り継がれています。

現代との共通項があるとすれば、夫に緊張感を与えて能力を引き出した（あるいはマネジメントした）聡明で強い女性というところでしょうか。

私が思う「悪妻の5つの約束」

―「妻は夫に何でも与える」ではいけない。

―「妻が料理をするのが当たり前」ではない。

―「夫の洗濯は妻がやるもの」とは限らない。

―「浮気は男の甲斐性」のはずがない。

―「夫が妻を守る」とは限らない。お互いに守り合う。


もし一生、1人の異性と添い遂げるなら、相当の努力と忍耐、精神力が必要で、私は2回離婚したので実感しています。

仮に40代で結婚しても、その後の人生は長いです。50年以上といった大変な時間の経過を共に過ごします。そのためにはお互いに成長し続けなければなりません。

互いに「ぬるま湯」では、惰性になり堕落しかねません。

常にお互いを刺激し、緊張感をもって「成長し続ける楽しみ」を持たなければ飽きてしまいます。

妻自身が夫からリスペクトされたいなら、妻も努力し、成長しなければなりません。

妻も必死です。老けない、ボケない。

夫から尊敬され一目置かれるためには、妻も、家庭や仕事で自なりのやり甲斐を得なければなりません。

そして、常に意識しなければならないのは「バランス」です。

その時々で、すべての感覚をキャッチし、全体のバランスを取って発言や行動をする。このバランス感覚がなによりも重要です。どんなに良いことでも、どんなに本質的なことでも、バランスが間違っていたらどんどん裏目に出てしまいます。

バランスを取るためには、「空気を読む」という技術が必要です。

――今日の夫は疲れ切っている、なぜだろう？

こんな時は、最近の夫の発言を思い出したり、記憶から言動をたどりましょう。

ヒントが見つかったら、「先週、実家に帰ったの？」「今日、○○さんと話したの？」のように、夫に問いかけてみます。

夫が疲れ切っている理由を名探偵のように推理して、答えを見つけようとしてください。

夫が疲れている原因が少し見えてきたら、そこには触れずに、いつもは作らないようなメニューを妻が用意します。その気配りに夫も気付いてくれて、「何かあればこうして自分を支えてくれる人がいる」と夫の心に自分は1人じゃないという安心感が生まれます。

場の空気を読んで速やかに行動するバランス感覚が、優しさとして夫に伝わります。

できるだけ、手早く料理を作ります。尊敬される妻は、料理が早いです。

夫の好きな飲み物とおつまみを出します。夫の食事がある程度進んで、余裕が出たのを見計らって話しかけてみましょう。

「今日はどうだったの？　面倒くさいこととかあったの？」「私も今日は疲れることがあったんだよね……」と言いながら、疲れている理由を自然に聞いてください。

食べ終わったら、できるだけ早く妻が片付けます。キッチンやダイニングは、綺麗に整理整頓しましょう。

疲れた時や落ち込んでいる時に部屋が散らかっていると、さらに気持ちが落ち込んで頭の中の整理整頓もできなくなってしまいます。目から飛び込んでくる視覚情報もスッキリさせると徐々にリラックスしてきます。

一方、夫と同じように、妻自身もとても疲れている日もあります。その場合は妻も余裕がありません。疲れていることを理由に何も発言しなかったり行動しなかったりすると、その後のさまざまなことがうまく回らなくなります。せめて、声掛け、問い掛けだけでもしてあげてください。「次の休みにランチしよう」とか、「散歩しよう」とか、「温泉行こう」とか、何でも良いので次に言葉を交わせる機会があることを伝えてみてください。

それだけで夫は、ほんの少しだけ孤独感から逃れられると思います。

落ち込んだ時は、夫に限らずどんな人でも、孤独を感じてしまうものです。

ピンチに気付いたら、必ず一歩踏み出してみてください（相手のためだと思って行動していると、いつのまにか気付くと自分のスペックも上がってたりします。情けは人のためならず、ですね）。

――最近の夫は、妙におしゃれに気をつかっている。浮気？

「最近、夫が新しい下着を買ってきた。以前より携帯を放置していない」、妻の勘が働くことがあります。そうです、浮気です。

男性は時として、下半身で感じ取って行動を選択することがあります。

このメカニズムは女性にはわかりません。ですからこの部分は「理解できない」が正解ですから、わかろうとしなくて良いと思います。ただの違いです。「浮気したらオシマイ」であることは夫もわかっているのですが、どうしても判断ミスをする場合があります。

その時、完全に見て見ぬふりは、やめてください。私の失敗の経験から「それは危険です」と申し上げます。

私が良いと思うのは「鎌《かま》をかける」ことです。

行動する前に妻は、セリフと表情を練習しておいてください（笑）
「私がこう言って、夫がこう反応して、その時の夫の表情はこんな感じで……」のように、何パターンか練習します。感情的に言うのは絶対にダメです。それでは一つも良いことがありません。男性は女性の高めの感情的な声を聞いた瞬間に、自動的に危険信号が入り、次に動揺状態になり、思考が浅くなります。そして、話の内容が頭に入らず理解や判断が遮断されます。結果、何も話さないのと同じことになってしまうのです。

この「鎌をかける」ことがきっかけで浮気が終わる、あるいは、未然に防げる場合もあります。

妻「どうしたの？　携帯で話をしていたの？」　※怪しんでいる感じの演技
夫「うん、○○さん」　※名前を聞いていないのに、詳しく言ってくるのは怪しい。
妻「今日さ、会社で、すごい話を聞いたんだよね……」
夫「何？」
妻「先輩の旦那さんが浮気していて、奥さんが浮気相手の女性の身元を調べて訴えたんだって。会社にも乗り込んだらしいよ。旦那さんの会社での立場、もうアウトだよね。クビかな……」
夫「ええ？　なんでばれたんだろうね」　※現実的な質問がきた。「へえ」だけで良いはず、理由を知りたいということは自分も何か思うところがあるから？

妻「分かんないけど、先輩の気持ちは分かるなあ。私もたぶん同じことをすると思うよ。あなたも気を付けてね（笑）。まあ、あなたはモテないから大丈夫か、ははは（笑）」

夫「ははは」

そして1カ月ほどは、夫の動向に一層気配りをしてください。もし、続くようであれば、次の手を考えなければなりません。

次の手とは、夫の両親や兄弟に現状ヒヤリングと根回し、現在の夫のお財布事情「お金の流れ」です。

多くの場合、浮気はお金がかかるので、夫の口座情報や借入金などに目を配ってください。浮気相手に経済力があればお金の流れはないのですが、その場合、プレゼントとか身の回りの変化の可能性があります。

浮気はダメですが、多くの場合、離婚するほどのことでもありません。私は失敗して気付きましたが、できれば失敗せず、リスクも取らず進んでほしいです。

時間とお金があれば、基本的に浮気の確立が上がります。男性にとって本能みたいな部分もあります。

でも、それは夫のためにも良いことではありません。

(立派な)悪妻として、崖っぷち感のある言い方で夫の浮気を抑止しましょう。

この場面でも大切なのは、「夫にどこまで伝えるかというバランス感覚」です。

なぜ悪妻が良いのか?

それでは次に、なぜ「良妻」ではなくて「悪妻」が良いのか私の考えをお伝えします。

まず、定義を設けることにします。

――「良妻」の定義　夫のために何でもやってあげる。家事も料理も完璧

この場合の流れを、シミュレーションしていきます。

朝は妻が先に起きていて、時間になると起こしにくる。

朝ごはんは用意されていて、洋服もクリーニングされている。

妻は夫が何時頃に帰るのか分かっていて、それに合わせて夕食を準備している。

帰宅した夫は食事をして、お風呂に入り、テレビを見るかリラックス時間をまったり過ごして、12時前には就寝。

休日は、家で過ごし、たまに家族で出かけたりする。基本的には妻が、手配やこまごまとした用意を行う。

そうして、月日が流れて、5年10年と過ぎていく。

―Q　会社員である夫は、年間で何時間くらい仕事をするんでしょうか?

――Ａ　一般的には、「自分の時間（会社にいない時間）は年間で計算すると全体の75％前後」です。これには睡眠時間や休日も含まれます。

けっこう、たくさんありますね。会社で働く時間は年間で、25％くらいしかないのです。（年間365日、8760時間。休日は110日、2640時間。会社で働く時間は255日×8時間＝2040時間）

そうとなると、生きている時間の半分以上は私たちの脳は、フル稼働しているわけではないのです。

もちろん、自宅で受験生のようにバリバリ勉強していれば別ですが。

つまり、長い間、良妻の世話になっていると、結婚前は優れていた夫の頭脳も仕事以外の時間の過ごし方によっては、退化しかねません。

逆に妻はすごいですね！

妻が、もし仕事をしていた場合は、仕事はもちろん、家事、夫のこと、子供のさまざまなこと。妻はすべて把握しています。妻はマルチタスクのオールラウンドプレイヤーのように何でもやります。結婚して50年後も継続していたら妻はボケるどころか、ますます冴えわたります。

――Q　妻に何でもやってもらっていた夫の30年後、彼は会社でどんなふうに過ごしているでしょうか？

――A　会社では、あれこれ指示はできますが、何でも人にやってもらう上司になっている可能性が大きいです。

部下がいれば、すぐに部下に振りますし、自分で手を動かすことは苦手です。何でもできるZ世代の若い社員からは、下に見られてしまうかもしれません。

夫の料理・家事は、ボケ防止最短コース

妻の家事を助けるためだけではありません。夫のためです

結果的には妻も助かって「共営」になりますが、目的はそこではなく、「夫のスペック向上」と「家庭の平和」です。平和とは、夫が家事を上手にできるようになった結果、妻に褒められるので、夫の脳内が幸福ホルモンで満たされて笑顔が増えて家族も楽しくなるという流れです。

※幸福ホルモン：ドーパミン、セロトニン、オキシトシン、β-エンドルフィン

男性も女性も、仕事は忙しいです。疲れて帰った夫は、早くおいしいものが食べたいので、夫は短時間で料理を作ります。冷蔵庫に入っているものをちらっと確認しているので、記憶に残っています。この習慣が夫の頭を活性化します。

また、帰宅途中にコンビニやスーパーに立ち寄って、足りないものを買ったりします。

帰宅したら、夫はさっさと料理を始めます。所要時間は15分前後です。これは、レストランで料理を注文してから全部出てくる時間に近いです。手と脳が素早いスピードで動いている証です。

料理をすることは、脳を使うクリエイティブな作業です。夫は、疲れているのに、これができる集中力と、「出来たてのおいしいものを食べたい」という信念。そのぶれない思いと段取り、仕事にも通じているはずです。

妻が作らない場合、面倒くさいからコンビニで出来合いの品を買う夫は、クリエイティブなチャンスを逃しています。

仕事がクリエイティブな人ほど、料理の奥深さを体得すべきだと思います。後々の自分に返ってきます。

夫が料理を作ってくれたら、その時妻はすごく感謝し、称賛して、尊敬の言葉をシャワーのように伝えてください。笑顔と共に！

夫の誕生日や特別な日には、妻は笑顔と料理と飲み物を用意してあげてください。妻の料理に特別な労りがあることが伝わると思います。

「料理のできる人が出世する」という方程式を、周りの方々に当てはめてみてください。

30〜60代の活躍する男性に顕著にみられる傾向です。

なぜ謙母が良いのか？

次に、なぜ「賢母」ではなくて「謙母」が良いのか、考えることにしましょう。

わかりやすくするために、定義を設けます。

――賢母の定義　教育など賢い判断ができる

母が賢い場合、「母の言うことは間違いない」という「無意識」が育ってしまいます。人格形成の時期にある子供は、「これはこう、これが正解」という固定観念が定着しやすくなります。

時代はどんどん変化しますし、マーケットやニーズも急激に変化していきます。母の発言が謙虚さにあふれていると、子供も自分が感じる正解はなんだろう、と、「そもそも論」で考え始めます。賢母の発言は正しいという前提のイメージがついていきます。自分で考える前に答えがあるのは便利ですが、選択と決断という思考のチャンスは育ちません。

子供にとって絶対的な存在である母の発言は、間違っていても合っていても、「あなたはどう思う？」という謙虚な人柄や行動が、子供の柔軟性の基礎を形作るのではないでしょうか。

正しいことを言う時も、母は謙虚な方が良い

「祝婚歌」という詩があります。1977年に刊行されました。結婚を祝った詩で、夫婦の心のあり方が表現されています。

二人が睦まじくいるためには
愚かでいるほうがいい
立派過ぎないほうがいい
立派過ぎることは
長持ちしないことだと気づいているほうがいい
完璧をめざさないほうがいい
完璧なんて不自然なことだと
うそぶいているほうがいい
二人のうちどちらかが

ふざけているほうがいい
ずっこけているほうがいい
互いに非難することがあっても
非難できる資格が自分にあったかどうか
あとで疑わしくなるほうがいい
正しいことを言うときは
少しひかえめにするほうがいい
正しいことを言うときは
相手を傷つけやすいものだと
気づいているほうがいい
立派でありたいとか
正しくありたいとかいう
無理な緊張には色目を使わず　ゆったりゆたかに
光を浴びているほうがいい

健康で風に吹かれながら
生きていることのなつかしさに
ふと胸が熱くなる
そんな日があってもいい
そしてなぜ胸が熱くなるのか
黙っていてもふたりには
わかるのであってほしい
（吉野弘「祝婚歌」）

夫から一目置かれる悪妻

悪妻は、日常生活で夫に嫌なことを言ったりします。
夫がいつまでも寝ていると、プレッシャーをかけるために脅迫したりします。

「遅刻ギリギリに行ったら、信用なくなるよ。今日ギリギリだったら、今月2回目でしょ、先月も1回あったよね」

休みの日に夫がボーっとしていると、「電話かかってきてるわよ。大事な電話じゃないの？　何か仕事で問題あったんじゃないの？」と、プレッシャーをかけてきます。夫はおちおち昼寝もできません（笑）。

四連休の有給を取っていると、悪妻は、夫自らが毎日同じ時間に会社に電話するようにアドバイスをしてきます。

「16時にタイマーをかけて、忘れないよう電話を入れた方が良い」と。「その間は、自分が家のことをやっているから、5分でいいので、連絡事項を聞くという気配りを見せるべきだ」と。「あなたの休んでいる時間、あなたの代わりに仕事を回してくれる上司や仲間への気配りが必要だ」と、悪妻は暑苦しく語ります。

さらには、「メールもその時にチェックすると、電話の情報交換がスムーズだ」と、こと細かく自分のやり方を押し付けてきます。うるさい悪妻です。

昔のいわゆる良妻だったら、朝には優しく声をかけて、遅刻しないように出かける支度や準備を手伝い、休みはゆっくり休めるようにスマホなどは遠くに置いてくれるでしょう。

その生活を夫が30年も続けたら、受け身の権化になってしまいますね？　オン・オフの切り替えはもちろん必要ですが、ほんの10分だけ、振り返りの時間をとってみて下さい。ボーっとしすぎると、つながるはずの思考が分断され、本来のスペックは発揮されないまま、60歳を迎えてしまいます。

悪妻は、刺激を与えて脳を循環させ、新鮮な状態を保ちます。これが悪妻の良さです。適度な緊張感は、自身の輝きを発光させるためには必須です。

夫からリスペクトされる悪妻

夫が本当に窮地に立たされた時、悪妻は、今度は夫を励まします。夫を苦しめる第三者の立場に立って、夫が壁を超えるエネルギーを持ち続けられるよう、夫と同じ場所に立って、偉ぶることなく話を聞きます。

悪妻とは、なんと器用なものでしょう！
そうです、悪妻の脳もまた、腐っていないのです。
悪妻は、常に相手が嫌がること、相手が喜ぶことを考えながら生きています。
だから夫にも、プレッシャーをかけることができるのです。

夫にも子供にも家族や親戚にも、常に「嫌がること」「喜ぶこと」という両極端な2つのことを考えています。
つまり、人に対する絶対的な興味です。人に関心を持って、観察しているのです。

妻本人が求めれば、誰でも悪妻になることができます。

なぜかというと、「人に興味を持って観察し、落としどころと思われる着地点を見つける」練習をするだけだからです。

常にそんなふうに脳を使いながら生活していたら、脳は新鮮で腐ることはないですよね。

「悪妻の、脳は腐ってはならない」のです。


夫は、そんな悪妻の日頃の気配りや真剣な姿勢に対して、一目置いています。

だから悪妻は、ひそかにリスペクトされているんです。


妻が仕事をしていてもしていなくても良いと思いますが、妻自身が「自身を鍛え続ける粘り強さと、女性としての芯」を持って、家事や料理、あるいは妻の仕事など、悪妻もまた、夫と同じように何か一つの「プロ」なのです。妻はプロとして、夫と同じように輝いてリスペクトされている、それが「悪妻」です。

このように悪妻のことを考えていると、「いわゆる悪妻」が会社の仲間だったら、その会社は発展していきそうですね。悪妻は、家庭のみならず、社会でも便利な存在かもしれません。

「悪妻」は、組織のチームワークを保つ重要な役割を持つ一員です。

家庭もまた、小さなチームです。

悪妻マインドを子供に教えるには

悪妻の技術の大事なポイントは、「人に興味を持って観察し、着地をイメージする」ことにあります。このような土台を子供に教えるには、私たち大人は何をすればばいいのでしょうか？

答えは、「謙母になる」です。

賢母ではなく、「謙母」です。

もし、両親がとても賢くて聡明で、その子供にとって「間違わない親」だったら、その子供は、大人をどのように尊敬するでしょうか？

「正しくて賢いのが、大人であり親である」という概念で育つと思います。

ですが、現実は、大人が常に正しいとは限りません。

正解は、時代と共に変化します。どの時代でも変わらず正しいものはないのです。

賢い親のもとで育って成長し、賢い人を尊敬し、賢い定義で概念を持つと、謝ったり失敗したりすることに違和感を感じる大人に成長するでしょう。

ですが、大人になってさまざまな体験をしていくと、むしろ理不尽に思える「賢くない状態」にたびたび出くわします。賢いのに、頭を下げなければならない場合もあります。

もし、謙虚な親に育てられたら、子供は、次のような風景を目にしながら成長します。

―親が頭を下げてお詫びしたり、「ありがとうございました。すみません」と言っている。

―人に助けてもらったり、人に教えてもらったりしている。

―自分が悪いか悪くないのか分からなくても、謙虚に言葉を選んで表現できる。

その様子を見ている子供は、「なぜなんだろう？」「親がお礼を言っているあの人は、誰なんだろう？」「この後、あの人はどうするんだろう？」「親は次に何をするんだろう？」と、よく観察したり考えたりします。

〝賢母〟ではなく、〝謙母〟は、型に収まらないのです。

親が実際に、賢いかどうかは別として、子供から見える親の風景は、人として謙虚なことが、観察力のある子供を育てる重要な要素だと思います。

女性（母親）は、賢さを目指さず、謙虚さを目指すという姿勢は豊かさに満ちています。

私は30年以上、結婚式という現場で、子供（新郎新婦）と親（両家の両親）の関係に触れてきました。

その中で「目線が謙虚である親」のもとで育った子供は、柔軟性に富んでいるように感じています。さまざまな選択肢を想定して、自由な感性をもっています。固定概念にとらわれない生き方を選んでいるように見えます。

自分の育てた子供が、幸せに育ったか？
育て方を間違えていなかったか？
その答えが出るのはいつでしょうか？
大学に上がった時でしょうか？
社会人になった時でしょうか？
結婚した時でしょうか？
子供が生まれて、家庭ができた時でしょうか？

たぶん、最初の答えが出るのは、その子供が60歳になった時ではないでしょうか。
その子が自身の人生を振り返り、「幸せだ」と思えたら、母親はその倍も「幸せだ」と感じるのではないでしょうか。

そして、先に自分の人生の幕が下り、その何年後かにその子の幕も下ります。

その時、どんな言葉を残すでしょうか。
その言葉こそ謙母が知りたかった答えではないでしょうか。

夫の出世は妻次第

ここでいう「妻」とは、悪妻であることが望ましいです。
何故ならば、「緊張感・ストレス」のバランスが取れている場合、夫の脳は常に働いているので、結婚生活が長くなればなるほど頭が良くなるのです。ボケる暇もありません。

悪妻は夫をずっと訓練し続けるので、もし晩年に妻が先に逝ったとしても、夫は自分のことは何でもできます。生活面でも高スペックです。

悪妻というものは、怖いだけでもなく、悪いだけでもありません。意味なくごまかしたりもしません。

悪妻は「人の本質に誠実」なのです。信念に誠実に立ち向かっているだけなのです。意味なくごまかせば、大事なことが相手に伝わらなくなってしまいます。この考え方は、「仕事の成功」にも似ていると思うのです。

妻が家庭で悪妻を実践していれば、夫は日常生活でおのずと誠実さが身に付きます。

気付くと夫は、仕事でも「本質を見抜く力」を発揮しています。「夫の出世は妻（悪妻）次第」なのです。

義父とのけんかがきっかけで……

2回目の結婚では、私は夫の家族（義父と義母、祖母）と同居しました。

当初、義父とはうまく折り合えませんでした。お互いに「こうしてほしい」という気持ちがぶつかりあっていたんだと思います。

義父は、私に「良妻賢母」を求めていました。戦前の男性ですから、誰でもそうだったと思います。

一方の私は、生きるために夫と一緒に仕事しなければなりません。私の実母は典型的な良妻でしたから、良妻としての振る舞い方はわかっていましたが、そんなことをしている時間も余裕もありません。

義父はさらに、「良い嫁」も求めていました。

良い妻も良い嫁も、私には到底無理だったのです。

ある日、義母と共に、義父の部屋に布団を敷く手伝いをしました。いつもは全くしないのですが、その時はたまたまシーツ掛けを手伝ったのです。

この様子を眺めていた義父は、「嫁がしゅうとの布団を敷くというのは、美しい習慣だったな……」と呟いたのです。

それを聞いた私は、くっ――っと歯を食いしばるくらい悔しい気持ちになりました。

「私は家政婦じゃない！」と怒りを覚えました。

その後も、家事のことや家族のヒエラルキーで何度も口げんかをしました。

ある時は、義父は私の胸ぐらをつかんでけんかを仕掛けてきたので、つかみ返して押し返しました（笑）。

この時ばかりは自分は鬼嫁かと思いましたが、後悔は全くしていません。今でもよくやったと自分の勇気を褒めています。

「どうしてあんなに本気でけんかできるの？　僕なんか、父に気をつかっているから……」

そう言っていた元夫も、私たちのけんかを見るようになって2～3年と経つうちに、だんだん本音が言えるようになっていきました。

元夫が自分の父親に気持ちをぶつけている姿を見ていると、「長年かけて今やっと、親子の絆が深まっている」と思いました。

元夫は一人っ子で、6歳の時に実母が急逝しています。当時、元夫の父は会社を経営していて、妻が急死した寂しさを紛らわせるように仕事に没頭し、家に帰るのは常に深夜だったそうです。

親子なのに本音を言える環境になかった2人が、20年以上経ってようやく本質にたどり着き、親子としての本当の絆を得たのだと思います。

それから義父が亡くなるまで、私と義父もまた、本当の親子のように過ごしました。

私が今の夫と結婚してからも、義父の家を「実家」と呼び、行き来していました。

元夫は、義母である82歳の母親とも、今ではお互いのストレスをキャッチボールして本当の親子以上にけんかしているようです。ポジティブなけんかです。

元夫は、家庭の中で「本質の触れ合い」の習慣を得られたことで、人の本質を見極めた良い仕事ができるようになりました。持って生まれた特殊な個性をどんどん解放して、独自の世界観を作り上げることに成功したのです。

自分自身を楽しんでいるようで、見ていて気持ちが良いです。

夫をやる気にさせる接し方

「夫をやる気にさせる接し方」は、私が実際に失敗して学んだものです。事例を挙げながら、私流の答えをお伝えします。

これを反面教師にしたり、実践したりスルーしたり、質問や反論をしたり、自由に読んでいただけたらと思います。

また、私の周りにいる女性の事例は、実際に深く接し、20、30年共に過ごし、生き様を共有してきた女性たちの事例です。

強く優しく生きる女性の方々は、最初からそうであったわけではありません。長い間、一つの思いを積み重ねて、自分を信じて仕事をしてきた女性たちです。

夫婦は、未知なるものです。自分という人間もそうです。

その上、さらに夫との組み合わせですから、未知×未知です。何通りもの可能性と選択があります。

夫婦はうまくいかないのが想定内、それが普通ですから。

結婚式では、新郎新婦の笑顔が美しくて、見ているだけで涙が潤むことがあります。私までいい気持ちになって、小さく心が震えて涙が出ます。

なぜ結婚式が、こんなに美しいのでしょうか。

それは、これから始まる現実と2人で乗り越える山の険しさを、無意識に感じているからではないでしょうか？

だから、「今日は、幸福に満ちた最高の日にしよう」と思うのではないでしょうか。

さらに、自分たちの人生に縁あって良くしてくれた友達や、家族でいてくれた父母や兄弟、親戚に囲まれて、新郎新婦はこうも思うのです。

「1人で頑張ったんじゃないな。ここにいるみんなとの想い出があって、支えてもらったからこそ、今の自分たちがあるんだな……」

「これからは、自分だけじゃない。この人と、この人の家族や友達と、これからの人生を作っていくんだな……」

明日からの「山あり谷あり、険しい時もあるであろう未来」を想像して、結婚式のあの瞬間の笑顔があるのだと思えてなりません。

私は結婚式で出会った方々、新郎新婦や出席の方々と、命ある限りできるだけ長くお付き合いしたいと思っています。結婚式をされる方々の人生は、一つとして同じものはありません。まさに、唯一無二の芸術のようです。

その芸術人生が、どのように進化や変化を遂げて完成していくのかを、この目でできるだけ長く見ていたいのです。

10年以上前から、私が「120歳現役」を目指している理由の一つです。

私の最初の結婚は1年、次は3年、今は20年。妻として常に目標にしていたのは、夫に成功してもらうこと、でした。

なぜ自分がそこにこだわったのかというと、男性に生まれたくて、男性という人生に憧れていたので、「自分が男だったらこうありたい」という強い思いが、その気持ちを駆り立てたのだと思います。

さらにもう一つは、その人のベストをやり遂げた時の満足した様子を見るのが、私は本当に好きなのです。

その後、その人が自分自身に誇りを感じて自分を好きになっていく様子を見ると、「私はここにいて良かった」という自身の存在意義や目的を感じるのです。

それは私にとって一番うれしい瞬間です（たぶん、幸福ホルモンが出ているはずです）。

夫の出世──悪妻はさり気なく応援する

夫の出世を応援するためには、まず、「夫を知る」ことが大切です。同時に、その会社を知る必要もあります。

──夫の個性や特徴　さらに盛り上げるべきところ、補ったり取り去ったりしなければならないところをよく理解する

――会社＆業界の特徴・その業界内で会社の立ち位置　シェア、上場の有無、社訓、会社の経営方針、業界や会社が必要とする人材の特徴

両方をよく照らし合わせて、夫のどこを盛り上げれば良いかを知ることから始めます。

――夫は働く意欲があって真面目でもあるが、自分からうまく喋れる方ではない

この場合は、夫が1分でも早く会社に行けるように、妻は考えます。

例えば、12時には寝られるようにします。

テレビを見ながら寝てしまう夫は、一度寝てしまうとなかなか起きません。自分の部屋に移動するのは2時ぐらいになってしまい、これでは熟睡もできません。

帰宅したらすぐにお風呂に入って、食事をしたらすぐに寝てしまっても良い状況に誘導します。

例えば、家庭内レイアウト変更も良いかもしれません。リビングの隣を夫の部屋にして、リビングのテレビを夫がベットに横になりながら見られるようにしたり、極端ですが、ソファーベットを買い、リビングのソファーを夫のベットにしてしまうのもよいでしょう。

テレビを見ているつもりでも、あっという間に深い眠りにつく夫は、睡眠時間が十分にとれています。朝6時に起きて、会社に行けます。

始業時間の30分や1時間前に出社することができれば、情報が集まります。上層部は早く来ていることが多いので、何かと新しい情報が入り、急な仕事もすぐに対応できて会社から感謝されます。

自分から積極的に話すことが苦手でも、その場にいるだけで頼りにされて話しかけられます。

残業時間は、何か大きな案件や急な対応がない場合は、いつまでも残っていないで、せいぜい1時間くらいの残業にして切り上げましょう。毎日3時間以上の残業をしていると、ダラダラ仕事をして仕切りが悪いと思われてしまうので、朝の効率の良い時間に自由に（勝手に）早く行って、準備したり考えたりする時間にします。

そして、妻は、早く起きて人より先に出社している夫に、尊敬の念を込めて称賛の言葉を伝えましょう。

「早寝」は三文の徳

「早起きは三文の徳」より「早寝は三文の徳」です。

早く起きるためには、早く寝ることが重要です。健康と長生きのためにも効果があります。

会社の愚痴を言い出した時は

夫が会社の愚痴を言い出した時は、まずは、じっくり聞きましょう。この〝話を聞く〟というのは、何度も繰り返し出てきますが、とても大切なポイントです。

登場人物や背景、時間や場所、どんなことに愚痴を言っているのかなど、妻の頭の中で映画のワンシーンになるまで聞き込みます。とにかく喋ってもらいましょう。

次のようなステップで、夫と話すようにします。

ステップ1　夫の愚痴に賛成する

「そうだよね」「ホント、それはないよね」など、まずは夫の愚痴に賛成します。

ステップ2　相手側に立った意見を言ってみる

次に、その会社側（上司側）になったとしたらという前提で、「その上司だと〇〇の性格っぽいから、〇〇っていう理由かな?」と、上司の側に立った感想を言います。

ステップ3　いろいろ話して雑談をする

夫は不満があるので、相手側の状況が読めずに客観性を失っている場合もあるので、夫の気持ちを汲んだ上で、事前に調べておいた業界と会社情報を頭の中でまとめつつ、先ほど聞いた映画のワンシーンを思い浮かべながら、いろいろと雑談してみましょう。ただの感想でも話ははずみます。夫が妻にいろいろ教えようと話してきたら、良い会話の証拠です。

ステップ4　妻から聞いてみる

話をする中で、夫の考え方や今の夫の仕事の現状なども分かるので、夫が不満や愚痴をこぼした時がチャンスです。

もし、夫が自分から話さなければ「今日はどうだった？　面白いことあった？」と話しかけてみましょう。

できれば1週間に1回くらいは、妻から聞いてみてほしいです。

ステップ5　どんな状況下でも夫を称賛する

称賛の言葉は、簡単で構いません。「すごいね」「さすが」「カッコいいよね」「才能あるよね」など。どんな状況でも夫を称賛することをやめないでください。

時には、具体的な事柄で称賛しましょう。

例えば、「昨日、あれやってくれたよね。前に言ったこと、覚えててくれたんだ。さすが、頭いいよね、記憶力すごい！」

全体を通じてやってはいけないことは、思ってもいないことを言ったり、明らかなお世辞を言ったり、「ウソ」などを言うことです。

妻から発した言葉に「ウソやごまかし」がないようにしましょう。

称賛を伝える場合、ウソやお世辞ではなく、本心を言葉にするためには、常日頃から人の良いところを見つける練習をしておいて下さい。

私が実践しているのは統計学です。

例えば、人相、手相、干支、星座など、おおむね統計によってまとめられたものです。

初めての人に会う時に役立ちます。本を読んで学べます。

日常生活で練習する場合は、感情を表現する時に「ネガティブな言葉を使わない」のを心掛けましょう。

例えば、次のように言い換えます。

「ああ、疲れた」☟「ああ、やりきった」
「ああ、頑張った」
「ああ、すっごく集中した」

「この部屋、臭い」☟「この部屋、こもってるから換気しよう！」

「あの人、最悪！」☟「あの人、不思議な感じあるね」
「突き抜けているねー！」

夫に家事を任せる日をつくる

家の片付けは、仕事の効率化の基本です。

仕事の効率を上げるために、家の片付け方を夫に練習してもらいましょう。


家には、いろいろなものが置いてあります。

妻の買ったもの、妻しか使わないもの、子供の買ったもの、子供が誰かからもらったもの……。

夫のものもありますが、その他、知らないもので溢れています。


その状態を見て、夫は思います。

「なんだよ、これ、モノ多すぎじゃない？　これホントにいるの？　いつ使うの？」

もう、見るだけで嫌になり、片付けを放棄します。

仕事でも同じようなことはありませんか？

「あの資料、どこにあるの？」「どのファイルに入っているの？」「パスワードは？」

家庭も仕事も、自分以外のもので溢れています。整理して、各自でしっかり管理してもらうのは、容易なことではありません。


家で練習する場合は、次のようにしましょう。

—誰が買ったものか、誰の所有かをはっきりさせる。

—みんなが使うものでも、管理担当者を決める。


次に、物の定位置、つまり物の住所を決める管理簿を作って、書いておく。

ペン、メモ帳、コスメ品、薬、衣類など、分類して場所を決めておきましょう。

1年間、根気よくこの作業を続けてみてください。夫は会社でも自ら仕切って整理整頓をして、仕事の効率も上がっているはずです。

週1回以上、夫に料理をお任せする

「料理」は、生きることに直結する大事なものです。毎日の楽しみですし、何を食べるか考えるのは悪くないですよね。

でも、夫は嫌がるかもしれません。それは、「なぜ、夫の自分が作らねばならないのか」と考えてしまうからです。

ここでは、話を分かりやすくするために「妻が仕事をしている日」という前提で進めていきます。

料理をするために考えなければならないことは多岐に渡ります。だから、頭が良くなるんです。

—どんなものを食べたいのか？
—健康に良いものか？　旬のものか？
—値段が安いか？　添加物は入っているか？
—冷蔵庫に入っているか？　ストックはあるか？
—今日は何人で食べるのか？
—明日の分まで必要か？
—今日の買い出しは必要か？
—次回の買い出しはいつで、何をどれだけ買うか？

まるで、お店ですね。

こうやって先読みをして、情報や記憶を保持しながら未来の食事設計図を書いていきます。
小さな「選択」を、いくつもの枝の先を見ながら決定していくのです。

これが習慣になると、脳が活性化されます。

繰り返しになりますが、その都度、夫を称賛してください。

妻に褒められるたびに、夫の脳内にはドーパミンやセロトニンが分泌され、夫はまた料理がしたくなるでしょう。夫にとっては頭も良くなり、幸福ホルモンも分泌され、結果、仕事にも反映されて、出世のチャンスも開けるかもしれません。

私が実践したこの、さり気なく称賛し応援するという方法は、夫だけではなく、多くの人に提供できる方法です。

周りの人が進化し、その人自身が自分を好きになる姿を見るのは、とても楽しいです。

男は守るもの、夫は鍛えて賞賛するもの、という意識をもっておくと良いでしょう。

本当の夫婦はプラトニックライフになった時から始まる

夫婦とは、男女ではなく同志です。

恋愛つまり性的関係を経て夫婦になってしばらくすると、距離のある関係に変化します。

男性という性の本能からひも解いても、同じ女性においてある時期を過ぎると興奮しなくなります。子孫繁栄という目的を持って生まれた人間ですが、知的な脳の発達によって構造が複雑化しているのです。

仮に早い時期からセックスレスだったとしても、医学の発達によって子孫繁栄は果たされます。

夫婦が安定期に入ってセックスレスになり、そのような状態を不満とする声も聞かれます。

しかし、それはそれ、むしろ肉体的な性を超えて、相手（夫）の人としての核に触れて本当の付き合いが始まります。

ここからがプラトニックライフの始まりです。

人と人、家族の絆の物語は、人生バリエーション、まさに生きる醍醐味です。

結婚式の現場で、新郎新婦のご両親と直接お話する際に実感します。人として同志として信頼し合い補い合い、支え合っているご両親を拝見するたびに、「すごいな、こうやって出会うべくして出会って時間をかけて成長し合う……。色々なものを乗り越えて同志となるんだな」と思います。

これは、夫婦に限ったことではないかもしれません。

兄弟、友人、同性同士、人と人が支え合っているところに、成長や絆という「点」

が結ばれるんですね。

私たち夫婦がプラトニックライフに変化したのは、私の更年期が訪れ始めた40代中盤でした。

数年間は、このままで良いのか悩み、夫婦で話題にしたこともありました。しかし、特に名案はなく、時が過ぎていきました。

しばらくすると私は、夫という感覚よりも「仲間・同志」という目で夫を観察するようになりました。

すると、若い男女が性を意識し始めた頃から異性に抱いてきたであろうイメージの「肉体的な見た目・容姿」は、マナー程度しか気にならなくなりました。代わりに、夫の考え方や言葉遣い、配慮など、人格の奥に視野を広げている自分に気付いたのです。

これは発見でした。結婚するまでに分かっていたはずの夫の人格や性格ですが、時が経ってお互い成長して仕事の環境も変わり、よく見てみると「誰？」というような変化もありました。

例えば、当時、夫は自分の父親についてあれこれ文句を言っていたのですが、その欠点や性質に夫がピッタリと合ってきたのです。息子が父親にそっくりになってきたのです。

また、年齢を重ねて役職も上がり、父親と同じような言動が見られたり……。

たぶん、夫から見ると私も同じように「誰？　なぜ？」と思うことがあるでしょう（今度、具体的に聞いてみようと思います 笑）。

夫の存在の核となる部分が一つに絞れたことで、夫のキャラクターをつかみやすくなりました。

現在、夫の目標は「いかにストレスを軽減しながら、やる気満々で長く働くか」です。

そして、夫の「フィナーレの点」は、ゴルフ場のオーナーになること。

「30年以上続けているゴルフを趣味にしながら、ゴルフ場で元気に働く。厨房で料理を作り、芝を整備し、時にはキャディになって、1人で来たお客さんと一緒に回る」

好きなことを仕事にできたら、楽しそうですね。

私もゴルフを教えてもらいましたが、この時だけは辛抱強く教えてくれます。口下手のせいか普段は丁寧に説明したりはしません。

「好きこそものの上手なれ」ですね。


結婚を選択しない方もいますから、兄弟の同志、友達の同志、会社の同志、いろいろな同志があっていろいろな絆があっていいと思います。

「多様」は、マイノリティーじゃなく、「普通」になる日はそんなに遠い未来じゃなさそうです。


また、一般的にはプラトニックライフには、別の問題もあります。

男性も女性も性的な欲求をどのように捉えるべきか、これはとても奥が深く重要な問題です。

しかし、ここは思いきって「出家」したつもりになって、欲の世界から脱出する、というのはどうでしょうか？

10年ほど前のこと、生前の瀬戸内寂聴さんにお会いしてお話を伺ったことがあります。

その際、「50歳で出家して、女としてもったいなかった、もっと年をとってから出家すればよかった（笑）」と仰っていました。

90歳の寂聴さんは自信に溢れ、とても幸せそうでした。全て吹っ切れている自由な雰囲気が格好よくて、その場の空気は、女性の強さと優しさと、寂聴さんらしいユーモアで満ちていました。

私もそんな年齢の重ね方ができたらいいなと憧れました。

性欲は捨てるという選択　VS　食欲を捨てるという選択

この選択の場合、食欲は捨てると体調が悪くなるので、食欲は残したいですよね（過度な食欲は厄介ですが）。

この二択ならば、「性欲を捨てる」を選んだ方が平和です。

欲の近くには、別の強欲の魔の手が潜んでいるそうです。なるべく欲の世界には近づかない方がいいですね。

60歳になって分かった自由な選択、新たな楽しみ

「男性のような生き方をしてもよい」という自由

「女性・男性の性別の壁を乗り越えた生き方を選択してもよい」という自由
「60歳を過ぎても女性としての色気をもち、より女性らしく生きてもよい」という自由

40歳を過ぎた頃、私は「人生は長いけれど、40歳か……。まだまだこれからだから、パッと見た感じが老けないように気を付けよう」と思いました。

その時、老いとは「白髪が増え始めた」くらいの自覚でした。老いることが怖くはありませんでした。


50歳を迎えた時は、「あ、もう半分まで来た。これから折り返し……死ぬんだな……。80歳、90歳も、もうすぐだ。死は、もうそこにある……」、そう感じて怖くなってしまいました。

残りの人生を、生きるのも死ぬのも怖くなりました。

どう生きればいいのか？　死とはすべての終わりか？　自分の人生が明らかに下降線をたどって、終わりに近づいていくという時間の経過を感じて、深く悩んでし

まいました。心が停滞しました。

そんな状態が、4～5年続きました。

ですが、そのうちに、「悩んでも、現実は現実。たいしたことのない自分の人生も、それはそれ。それが現実と受け止めるしかない」と心底納得して、妥協しました。

そうしているうちに、50代後半になりました。

すると今度は、死の恐怖よりも、「あと何年で60歳。60歳になったらどうする？」と、何をどうするかを考えるようになりました。

60歳になるのが楽しみになりました。

たいしたことのない自分の人生でも、長生きすれば、たいしたことができる可能性が出てくるかもしれません。

例えば、98歳になっても元気だったら？
歩ける、走れる、記憶力がある、意味ある会話ができる。食べたり、眠ったりすることが楽しいと思える。そんな98歳だったら、私と話をしたいと訪ねてくれる人がいるかもしれません。

だって98歳で、健康でクリエイティブな話ができる人は、何人いるでしょう？
２０５０年に昭和と令和の2回を体験して、東京オリンピックを2回語れる人は、日本中で何人いるでしょう？

私にしかできないお話が、できるかもしれない。

そう思ったら、新しい目標が見えてきました。
女性は、長生きできる可能性が高いですから、夢があります。

確かに20代~50代は、社会の中で注目を浴びて活躍するのは、男性かもしれません。男性にチャンスが多いかもしれません。


ですが、60歳になればどうでしょう?

定年が近づいて、活躍していた男性は、次第に役割を意識し始めるでしょう。


そして、いよいよ女性の順番が回ってきます。

その時に備えて社会を体験し、人を勉強し、未来を予測し、健康を武器に「必要な人」として、第三者から期待される日がくるのです。


「自分の幸せは何か?」という問いの答えにもリンクしますが、例えば、

「ありがとう、あなたのお陰で気持ちが楽になりました」

「ありがとう、この果物が好きです。食べたかった」

「ありがとう、これを教われば、また食べることができます」

「ありがとう、あなたのお陰で今日はいい日でした」
そんなふうに誰かに感じてもらえたり、言ってもらえたりするのが、自分の幸せです。

それが分かっているから、生き方も選ぶことができます。
60歳になってどのような道を選ぶかは、自分次第です。自分の好きな「居場所」に行くために、〝今〟を選ぶのです。

私は、男女や性別のことを本書で書いてきました。
その性別の流れで60歳以降の人生の生き方の道を分けるなら、次のような三択が考えられます。

男性のような生き方
女性らしい生き方

どちらでもない生き方

「らしい」の定義はさまざまですが、60歳になった私が感じているこの三択の楽しみを、ご紹介したいと思います。

——男性のような生き方

50代を過ぎると、さすがに月々の煩わしさ（生理）から解放され、生理がない普通の日の連続になります。

「いいのかな、こんなに楽で」という感じです。

服装も髪型も、化粧をする・しないも、どちらでもいいという感覚が、ますます増します。

ユニセックスの洋服も多いですし、あえて男性の服を買って着るというのもワクワクします。

実際に買ってみたのですが、男性の服を着る時の自由ですがすがしい気持ちは、付き物が落ちたような感じです。似合う・似合わないも大事ですが、着る時の爽快感は確実にあります。

メンズ館で買ったユニセックスの服を着ていると、性格も振る舞いも少し男性的になるんです。「自分が思っている男性観って、こんな感じなんだ」という発見もありました。

私が感じたのは、おおらか、ざっくばらん、細かいことは「いいよ、いいよ、大丈夫。気にしないで」といった感じでした。

例えば、「この季節は男性らしく」とか、「この月は……」とか、あるいは、「今日は」とか、「何時からは」のように、気分次第で自由に設定してみるのも楽しいです。

―女性らしい生き方

60歳を過ぎて敢えてヘアスタイルを変えたり、イメージチェンジで女性らしい雰囲気の色にカラーリングしたり。毎日パックをしてお手入れしたり、女性としてのホルモンバランスを保つために健康の勉強をしたり……。

洋服も、今までチャレンジしなかったような形や色を選ん気分を切り替えるのも新鮮です。60歳ともなると、どんな服装をしても、「還暦なので」と言えば、周りも納得してくれます。

あえて視点を切り替えて男性に注目してもらえるよう、女性としての磨きをかければ気持ちも外見も若返ります。

もし、ウエストを細くできれば、さまざまな服が似合います。

ダイエットもヨガも食事制限も、すべて健康と美のため。楽しく過ごすことができます。

例えば、娘さんや息子さんが結婚する、結婚式を挙げるというタイミングだとすると、出席者全員がお母さんの若さと艶やかさに驚愕することでしょう。

張り合いがありますね。

女性らしく美しく年齢を重ねるとは、美しい鳥たちのように華やかで優雅で目を引きます。

堂々とチャレンジできる年齢、60歳は、還暦という良いきっかけ、区切りなんです。

なんといっても自分で決める道なのですから、「人から言われた」とか、「やらなければならない」とか、「仕事だから」とか、何も関係ありません。

―「どちらでもない生き方」

男性らしくもないし、女性らしくもない生き方とは、「人として中間である」という感じです。

実はこれは、私たちの仕事の世界では、とても求められるものです。

「結婚式の司会の仕事」において、女性司会者さんがあまりにも女性的ですと、よろしくありません。

司会台にいるウエディングパーティーの司会者が、ワンレングスの長い髪でウィスパーボイスで、「これぞ女性」というムード（例えば、小雪さんやマリリンモンローのような男性にモテモテな感じ）ですと、ちょっとまずいですよね。

私は、司会者さんの面接の際に、必ず次のようにお願いしています。

「女性司会者さんは女性ですが、女性としてマイクを握るのではなく、1人の人間として司会をしてください。新郎新婦や列席の方々の、身近で親切な友人アナウンサーのような気持ちで、マイクを握ってください」

これは、私たちの仕事ではいつも心がけていることですが、60歳にもなると、より高度に実現できると思います。

「心がける」というレベルから、「地で行く」という本質的なレベルです。

男性・女性を超えて、1人の人間として常に人と接するというのは、とても安全です。

三角関係に巻き込まれることもありませんし、恋愛のドロドロ嫉妬などもありません。

人として、自分を高めるのみです。

この生き方はシンプルで、１２０歳まで本質を変えずに真っすぐに進める道だと思います。

第6章

女性に生まれたからには
その素晴らしさを味わって
女性人生を楽しむことにしましょう

How to find a life that suits you and a life of freedom.

女性。その素晴らしき世界

How to find a life that suits you and a life of freedom.

なぜ、女性に生まれたのか？

「なぜ女性に生まれたか」と言う質問に対して、誰かが答えてくれるわけではありません。

ですが、自分なりに分析して答えの予想図を作っておくことで、日々の「選択」の迷いが減ります。

――シミュレーション　明日の選択

「2カ月の休暇と200万円をもらえたら、何に使いますか？」

「女性として綺麗になるため」の場合

整形する。エステに行く。トレーニングジムに通う。

「子供を産むため」の場合

妊活。

「人を育てるため」の場合

教育期間の1カ月短期ゼミを受ける。現場でマネジメントの研修を受ける。

「仕事の幅を広げるため」の場合

海外短期留学で英語力をブラッシュアップする。

「人を助けるため」の場合

困っている人のところを訪ねる。必要なものを寄付する。

現在の自分を分析して、自分ならどうするか優先順位を出してみてください。
自分にとって最重要の1位、2位、3位を認識しておくと、いざという時にすぐ行動できたり、ふとアイデアが湧いたりするといった効果があります。
自己分析と随時認識が、自分を助ける武器になります。

もし来世で、男性に生まれたら？

「隣の芝生は青く見える」かもしれませんが、あなたなら、それを望みますか？
望みませんか？

仮説で想像して見てみましょう。

自分は女性である。女性の特質や傾向は分析して理解している。

☞ ということなら、「もし自分が男性だったら、逆にそれをうまく生かせばいい」となる。

☞ では、自分が男に生まれていたら、相手選びは具体的にどう考えて行動する？

☞ 見た目だけで女性を選ばない。見た目と中身を総合的に見て、その女性の本質を見る。

☞　男としての自分をゆだねることができる女性か？　頼れる女性か？　精神的に自立しているか？

☞　適度に距離を取れる女性か？　固執しすぎず、自分のことは自分で考えられるか？男としての自分をリスペクトできるか？　うまく褒めて自分を見守ってくれるか？

☞　自分の母親のような包容力があるか？

このような視点で、男である自分は女性を選ぶと仮定します。

次に、自分自身は男としてどう考えて行動するでしょうか？

信念をもって継続し、結果を出せるか？

今、女性として男性側を見ているので、もし自分が男性に生まれてきたら、どう女性を選び、どう付き合っていけばいいのか、仮定で想像しててみると、「もっと男性というものを本質的に知りたい」、「女性の特性は何か」、問いかけが沸いてきます。相手に問い、自分に問いたいと思います。

知ることで、「次はどうすればいいのか」の発想が沸いてきます。

そう思うと、問いは楽しみに変わります。

もし来世で、クマノミとして生まれたら？

人間は、生まれた時から性別が決まっていますが、魚の中には性転換できる種がいくつも存在しています。見つかっているだけでも300種以上あるそうです。

サンゴ礁の中で暮らすクマノミの性転換は有名です。「種の保存」のために、このような武器を持ったと考えられています。子孫を残すために進化した戦略ですね。

クマノミは、サンゴ礁から出てしまうと外敵に食べられてしまいます。

このため、一生、狭いサンゴ礁の中で暮らしています。

もし、その中にいるクマノミが全部メスだったら、子孫は増やせません。オスばかりでもダメです。

サンゴの外に出て異性を探そうものなら、それこそ捕獲されて子孫どころではなくなります。

ここで進化が生まれます。エピジェネティクス機構によって性転換できるようになったのです。

クマノミは、生まれた時はオスでもメスでもありません。

両性生殖線を持っていて、大きくなる過程でメスになるかオスになるか決まります。

5匹のクマノミがいるとしましょう。

一番大きく育ったクマノミがメスになり、2番目に大きなクマノミがオスになります。

約20日間で、色も形も完全にメスになります。これでクマノミは、繁殖ができるようになりました。


しばらくすると、メスのクマノミが死んでしまいました。

残されたオスだけでは繁殖できません。

そこで、先ほどの2番目に大きいクマノミが、今度はメスになります。性転換です。


そしてまた繁殖します。

卵は全員で守り、育てます。どのオスの卵かは関係ありません。全員で育てて、種の保存を守るのです。

とにかくクマノミは「繁栄」に徹しています。

迷いがないので選択肢は一つです。性転換↓↓卵↓↓育てる↓↓増える↓↓性転換のループです。「産めや増やせや」です。

分かりやすくて　すごいですね。

生まれ変わったら男がいい？ 女がいい？

次ページからの図表は、共同通信グループが2024年に実施したアンケートをまとめたものになります。

女性の約6割が女性に生まれ変わりたい。つまり、女に生まれて良かったと思っているという統計結果があります。

こちらを参考資料として、男女の性による意識の違いをひも解いていきましょう。

参考資料（共同通信グループ統計2024）

●生まれ変わったら「男性」「女性」になりたい人の割合

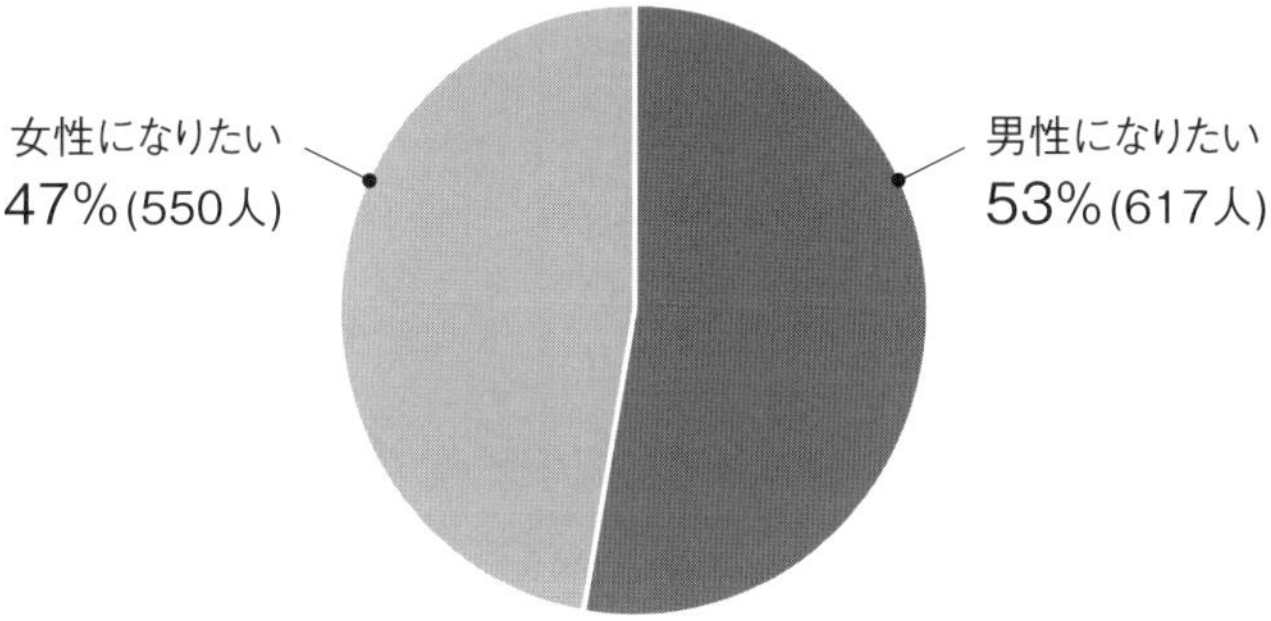

●生まれ変わるなら「男性」になりたい人の割合

年代	男性（271人中）	女性（346人中）
18-19歳	8人	1人
20代	42人	91人
30代	70人	132人
40代	92人	85人
50代	37人	31人
60代	19人	6人
70代	3人	0人

●生まれ変わるなら「女性」になりたい人の割合

女性になりたい	人数	割合
男性 → 女性	91人(362人中)	25.14%
女性 → 女性	459人(805人中)	57.02%

●【年代別】女性になりたい人の割合

年代	男性（91人中）	女性（459人中）
18-19歳	3人	5人
20代	22人	91人
30代	25人	177人
40代	21人	116人
50代	15人	55人
60代	5人	13人
70代	0人	2人

●【年収別】女性になりたい人の割合

年収(円)	男性（91人中）	女性（459人中）
0円(無収入)	3人	83人
1万～299万	37人	248人
300万～499万	31人	100人
500万～699万	15人	17人
700万～999万	3人	6人
1,000万～1,999万	2人	3人
2,000万～	0人	2人

●「再び男性になりたい」男性の理由

男性の方が自由・楽	53人
今の性別(男性)に満足	51人
男性の方が優位・力が強い・体力がある	39人
女性の生理、妊娠が怖い・痛い	29人
女性は面倒(メイク・人間関係)	27人
女性は制限がある、大変そう	24人
男性の方が仕事の選択肢が多い・稼げる	16人
男性でやり直したい・モテたい	12人

●「男性になりたい」女性の理由

男性の方が生理がなく、出産しなくていい	101人
違う性別で生きてみたい	90人
女性の方が生きにくい	41人
男性の方が自由・選択肢が多い	38人
男性の方が仕事で認められやすい、キャリアプランが立てやすい	19人
女性のメイクやファッションが面倒、しなくていいから	19人
男性の方が力が強い・体力がある	18人
男性の方が優遇されている	14人

●「女性になりたい」男性の理由

違う性別で生きてみたい	34人
女性の方が楽に生きられそう、優遇されている	14人
美容やメイク・ファッションに興味がある	13人
美しく・かわいくなってみたい、ちやほやされたい	9人
女性しかできない仕事をしてみたい	5人
子どもを産んでみたい	4人
恋愛において選べる立場になりたい	3人

●「女性になりたい」女性の理由

かわいい、おしゃれ、メイクが好きだから	133人
子どもを産めるから、子育てができるから	88人
今の性別（女性）に満足	67人
女性の方が生きやすい、優遇されている	51人
男性は大変そう	41人
女性でやり直しをしたい	19人
女性の方が選択肢が多いから	15人
女性の方が楽、一生働かなくていい	15人
女性の方が優秀だから	4人

調査結果から分かること

「男性になりたい」、「女性になりたい」と答えた人の割合は、ほぼ同じとなりました。

—男性が男性を選ぶ理由は、男性は自由で、今満足しているから。

—女性が女性を選ぶ理由は、おしゃれやメイクができる、かわいいや綺麗が好きだから。

—男性が女性を選ぶ理由は、違う性別（女性）で生きることへの興味から。

—女性が男性を選ぶ理由は、生理や出産への痛さや怖さを避けたいから。

男性には男性のメリットやデメリット、女性には女性のメリットやデメリットがあり、お互いが未知なものとして生きていることが分かります。

それぞれの立場から理由を見ていけば、「そんなにいいことばかりじゃないよ」「そんなふうに見えているの？」と、憤りたくなるものもあるかもしれません。

一方で、「そうだよな」「確かに」と、妙に納得してしまうものもあります。想像を膨らませて互いの立場で現状を見つめ直してみると、今の性別がもっと好きになって楽しく過ごせるかもしれません。

「迷い」と「不安」がなければ、つらくない

人生60年を振り返ってみて「一番怖かったこと」は、「迷い」「不安」の二大魔王です。これがなければ、生きることはさほど辛くないです。日頃の苦しさは、楽しい出来事でさっと埋めて混ぜてしまえます。幸福感でだいたい覆われます。

しかし、この二大魔王は手強いです。迷いや不安によって病気にもなるし、時間

も潰れるし、判断ミスも起こります。とんでもない方向へ行ってしまうこともあります。とても恐ろしい魔王です。

魔王を寄せ付けないために、不安にならないためには、未来の目標をできるだけ早めに決め、正しい選択ができるよう情報と分岐を整理しておきましょう。

不安を減らすためには

不安を減らすためには、目標を決めて、到達するまでの道のりをイメージすることが大切です。決めてしまえば不安も減ります。

例えば、一度行ったことのある場所だったら、道が分かりづらくても不安じゃないですよね。地図も周囲の建物の様子も知っていますから、たとえ遠くても安心して歩けます。

人生に不安を感じる時は、先に予測しておくのがお勧めです。予測しておけば、想定範囲内の未知になります。どのようなことがあるかを先に描いておくだけで、全く違う世界になるんです。

1週間の天気図のように予測して、なんとなく描けていれば、あとは、予想通りに行くか・行かないか、だけですから。

人生の中間地点でも、先の40年後の目標がなんとなくでも決まっていれば怖くないです。

いつ最期の日がくるか分からないのですから、予測は予測なんで自分で決めればいいだけです。

「フィナーレの点」まで描けていれば、イライラしませんし、日常のふとした時に心がそわそわ、ざわざわしなくなります。

―行動について

言ったことや言われたことの「約束」を守ります。

そのためには、人の話をしっかり聞いて聞き漏らさず、要点を完ぺきに書き残しましょう（あるいはボイスメモで録音）。書き残す場所は、紙でもパソコンでも携帯でも何でも良いです。

とにかく小さな約束を守り続ける、という継続です。

―考え方について

自分の立ち位置と相手の立ち位置を同時に考えて、立体的な画像を頭の中で動かし続け、その先の予測も立体画像で描いてみてください

客観性を持った上で「相手のメリットを優先」して考えて答えを出すと良いと思います。

次に自分自身のメリット・デメリットも、シーソーに乗せて比べて判断してくだ

さい。

このシーソーが壊れてしまうと、結果が出なかったり長続きしなくなったりします。「三方良し」の考え方でバランスが取れます。

長年仕事をしていると、何のためにこの仕事をしているのか、分からなくなることがあります。

お金を稼ぐためだったり、生活のためだったり、いずれにしても、仕事をしない選択肢が選べないとしたら、「やるしかない！」ということです。

どうせやるなら「楽しくやろう！」

「○○が悪いから、それは無理」「○○が○○である以上、それはできない」だとしたら、ずっとそのループは繰り返されます。

結婚を何度繰り返しても、完全な満足にたどり着かないのと同じです。

モノには必ず裏と表があり、最初は表を見ていて良いと思っても、そのうち裏も見ることになります。表裏一体ですから、「どちらかだけでいい」ということはありません。

夏目漱石の「草枕」の冒頭が深く心に残ります。

智に働けば角が立つ。情に棹させば流される。意地を通せば窮屈だ。とかくに人の世は住みにくい。

住みにくさが高じると、安い所へ引き越したくなる。どこへ越しても住みにくいと悟った時、詩が生れて、画が出来る。

人の世を作ったものは神でもなければ鬼でもない。やはり向う三軒両隣りにちらちらするただの人である。ただの人が作った人の世が住みにくいからとて、越す国はあるまい。あれば人でなしの国へ行くばかりだ。人でなしの国は人の世よりもなお住みにくかろう。

（夏目漱石「草枕」より）


この文章を、今の仕事に置き換えてみると、次のようになるのではないでしょうか。

正論を言えばギクシャクする。大変だし、様子を見ていると流される。自分は納得できませんと頑固を通せば孤立する。とにかくこの会社はつまらない。

仕事はつらくて面白くないが、いやが高じると、この仕事を投げ出したくなる。どこで何をやっても大変だし不満があると悟った時、覚悟が生まれて、知恵が湧いて作戦が生まれる。

「やるしかない」わけですから、どうせやるなら「楽しくやれる、進んでやれる」という自分なりの解決策を考えましょう。

仕事の目的や目標をはっきり決めれば、選択肢を考える時も楽ですし、選択する時も楽です。

日頃から自分の考えや目標を整理して、自分自身について理解しておきましょう。

「お一人様は不安」ではない

現在、独身で精力的に仕事をしている女性の中には、力強く凛とした魅力のある方大勢います。

例えば、芸能界では、天海祐希さん、石田ゆり子さん、深津絵里さん、沢口靖子さん、柴咲コウさん、吉田羊さん、松下由樹さん、深田恭子さん、稲森いずみさん、プロとして長年活躍されています。本当に尊敬します。

どの方も、共通した強さと優しさがありますね。継続する年月をもって途切れることなくキャリアを積み重ね、まるで女性道の芸術家のようです。生き様が鮮明に浮かんできます。格好いいです。

女性に生まれて、こうした信念ある生き方を貫くには、さまざまな障害、葛藤があるかもしれません。そのたびに大きな「選択」をしてきたことと思います。

女優さんに限らず、仕事の種類に限らず、女性が信念を曲げずに生きていくには相当な苦労があると思います。

でも、どのような環境であれ、女性には女性のすばらしい特性があります。強くて優しい「核」と、それを取り巻く対応力（キャパシティー）という「細胞質」です。無から有を創り出す、それが女性の特性です。

自己の才能を追求する女性の生き方

ここで、さわさんの生き方をご紹介します。

50代のさわさんは天海祐希さんと石田ゆり子さんを足して割ったような、凛とした包容力を持った女性です。

旧家の女系家族の長女として生まれ、兄弟や家族を気遣って強く優しく生きてきました。

彼女は商社に就職し、充実したOL生活を送っていました。

同じ部署には、40代後半になった女性がいたそうです。一生懸命に仕事をしていても「まだ辞めないの？」という空気が漂い始めたことに、さわさんは気づきます。

彼女は、私に言いました。

「やっぱり大きな企業の組織では、女性はそうなるんですよ。先輩のポストが空けば年下の女性が繰り上がり、若い新入社員が入って部署内は活気づきます。女性はもともと、会社の仕事の戦力というより別の役割なんです。ある年齢になるとそういう空気がながれるんです。」

そこで、以前から興味のあったラジオパーソナリティになる道を考え始め、探し当て、たどり着いたのが、司会の仕事でした。

30歳を過ぎた頃から本格的に取り組み、基礎を確立し、自身の持ち味を出せるようになるまでに5年ほどを要しましたが、継続すると司会の人気も上がり、指名のオーダーも増え、ラジオ番組を担当し、テレビ番組にも司会として出演して、順調にキャリアを伸ばしていきました。

さわさんが40歳を過ぎる頃、「1人で結果を出す生き方には、喜びの限界がある」と感じたのだそうです。

「一人称の幸せの限界」を感じた彼女は、結婚することも考えましたが、「自分自身を探求する一人称ではなく、多くの人を幸せにすることができるこの仕事を極めたい」という気持ちにたどり着き、迷いなく自分にしかできない道を見つけ出しました。

「性格上、他人のためにやり過ぎてしまうんです。それが自分のストレスになってしまうこともあり、なぜここまでやってるのか、自分が分からなくなることもあります。私のサガでしょうか」と笑いながら話してくれました。

結婚式の司会という仕事には、出会いと宴と絆があります。

一生のお付き合いになるお客様もいらっしゃって、2人の長い人生に寄り添う仕事です。

3時間ほどの結婚パーティーの時間を、楽しくて想い出深い瞬間にするという「自分の声を使った空間演出」の仕事です。やりがいがあり、やればやるほどノウハウが蓄積され、年齢を重ねるごとに心の美しさと人間味が増していきます。

さわさんの生き方を見ていると輝いているなと思います。真剣に生きる女性は、独身であれ既婚であれ全力で応援したくなりますね。

知れば知るほど、私は「女性の才能とポテンシャル」に惚れ込みます。

女性は、自分自身を信じることさえできれば、どんな環境であっても、女性の特性が発揮されてくるはずです。焦らず諦めず、自分を信じながらコツコツ積み重ねていってほしいと思います。

もし何かで悩んだり立ち止まったりしている女性がいたら、そんな悩みは、私が吹き飛ばします。応援団長として（笑）。

津田梅子、友情が支えた一生

ここで、五千円札の顔になった津田梅子の生涯に触れたいと思います。

梅子は1864年、12人兄弟の第二子として新宿区で生まれます。

1871年、教育者だった父は女子留学生のアメリカ派遣事業に梅子を応募させ、梅子たち5人の少女は、岩倉使節団に伴われて横浜港からアメリカへ向かいます。この時、梅子はわずか6歳。道中の船の上で7歳になっています。

留学の目的は、日本女性の模範となることでした。

アメリカに着くと、5人の少女たちはそれぞれ別々の家庭に預けられ、英語やピアノを始め、数々の勉強を行っていきます。

11年間の留学生活を送り、梅子は17歳で帰国します。アメリカの家庭で育ち、アメリカの高等教育を学んできたので、日本の女性の地位の低さに衝撃を受けました。

しかも、日本の女性はそのことに気付いていないのです。

日本での仕事や生活は、梅子にとって葛藤の連続でした。

「アメリカの大学で学びたい」という新たな目標を持った梅子は、ホームステイ先のマザーや、留学仲間の山川捨松や永井繁子、その他のツテをたくましく使って入学を果たします。

（山川捨松は、のちの大山捨松。永井繁子は、のちの瓜生繁子）

アメリカの大学で学び直し、再び日本に戻った梅子の目標は、「英語を使って世界を知り、〝オールラウンドウーマン〟になること。そういった女性を輩出するために自ら学校を立ち上げること」でした。

留学仲間の捨松や繁子が結婚した頃、梅子の周りからも結婚を急かされるようになります。

当時の女性は、今よりもずっと仕事がありませんでした。結婚しなければ経済的に貧窮するのは分かっていました。

ですが、梅子は夫にかしずくような結婚はどうしてもできないと考え、「自由」というリスクを取る〝選択〟をしたのです。梅子は「第一級の教師」になって、日本の女性たちに貢献するために働く覚悟を決めました。

人生を賭けた選択です。

1900年、東京都千代田区に「女子英学塾」を設立します。開校時の学生は10名でした。良妻賢母主義を目指す女子教育とは異なり、自由でレベルの高い授業が評判になります。この塾が、津田塾の前身です。

その後の資金援助や多方面からの支援は、結婚した捨松や繁子、新渡戸稲造らが、生涯に渡って梅子を支え続けます。

1904年、塾は社団法人へ移行し、翌年には私立女子教育機関としては初めて英語教育免許状の授与権が与えられます。

存在が認められつつあった中、梅子は体調を崩して入院することになります。すぐに退院したものの、その後も入退院を繰り返すことを余儀なくされます。

1929年、脳出血のため、64歳で人生の幕を下ろしました。

その後、後輩たちが梅子の意志を引き継ぎ、戦争中の英語教育の禁止などの苦難を乗り越えていきます。

1931年に小平に移転し、1933年には校名を「津田英学塾」に改めます。

そして1948年、ついに大学に昇格し、「津田塾大学」が誕生しました。

梅子生誕から84年後のことでした。

津田梅子は、立ちはだかる時代の厚い壁に果敢に挑戦し、人生のすべてを賭けて「日本女性の才能開花のために生きる」という強靭な〝選択〟をしています。

梅子は独身でしたが、梅子が偉業を成せたのは幼少期から支え合った「友情」でした。

私たちの生きる現代では、結婚の絆が最優先されて、友情の絆は浅く見られがちです。

しかし、結婚しても子供がいても、近くで寄り添えるとは限りません。夫は先に逝ってしまうかもしれませんし、夫の介護と死を看取るのは自分かもしれません。その後、1人になってしまうかもしれません。

仕事をしていなければ、年金だけで暮らせるのかどうかも分かりません。

若い時から、結婚や血縁以外の心の絆を深めることも大切です。

学生時代からの友人や、会社で共に切磋琢磨してきた友人は、血縁以上になるかもしれません。

友達は何人いてもいいんです。多方面で気の合う友達を作り、共に生活することはとても現実的ではないでしょうか？

近い将来、もし必要となれば「友情」という新しい家族制度、絆の法律ができるかもしれませんね。

いよいよとなれば、人間はみんな「助け合い」です。

夫婦同姓は女性のアイデンティティーを喪失させる

ここで、子供を授かったときの夫婦の思考を、シミュレーションしてみたいと思います。

――現状

子供を授かるためには結婚するべき。
結婚して姓が変わる。
女性だけ変わる。

――2年後

予定通り、子供を授かる。

名前を考える。

「男の子だったら、姓名判断で強い名前を見つけよう。総画数は成功画数の32にしよう。女の子だったら、結婚をしたら名前が変わるし……どうしよう？　せめて下の名前だけは良い名前にしよう」

女の子が生まれる。

「結婚して名前が変わるってことは、結婚する相手が大事」

「それはそうだよ。大事、大事」

「ちょっと待って、良い相手ってどんな男性？」

父母は、自分の時代の価値観で考えてしまう。

「良い大学を出て、稼いでくれる人がいいよね。見た目も良くて、背も高い人が良いね。だって、生まれた子供がかわいそうじゃない」

「じゃ、そういう男性に好かれるような女の子にならないとね」

「まずは、お行儀よく、女の子らしく。お料理もできた方がいいね。言葉遣いも気を付けないと」

母親自身が結婚して名前が変わる体験をした後、子供が産まれます。産まれた時から男性の苗字になって、長い間、呼ばれ続けました。27年間、呼ばれ続けてきた苗字です。何万回も呼ばれ続けて、身体に染み付いている苗字が、ある日突然、変わってしまいます。

そのような「衝撃的な体験」を、当たり前のように受け入れています。実は、本人もあまり意識していないか、「あ、変わったんだ、なんだか違和感があるなあ」くらいの感覚の場合も多いです。

この時すでに「〝女性としての枠組み〟というふた付き概念」を発症しています。育てる親と、その本人の両方に……。

この無意識の枠組みや常識が、その後の女性の開花や能力の目覚めを遅らせるのです。

最初から、夫にぶら下がる道が引かれている感じですよね。

せめて、女の子が産まれた時に、「もしかしたら、夫婦別姓にするかもしれないね。じゃあフルネームで、語呂の良い綺麗な名前を付けよう」という発想が両親の間に少しでもよぎってくれたら、女性の成長は、爆発的に自由になって、能力もいち早く開花するのではないでしょうか。

そうしたら、成長してから男性を本質的に支え（裏側ではしっかり手綱を握り）、強く優しく凛とした女性だらけ（笑）になるでしょう。

実際に、別姓を選択する女性は少ないと思います。

「家族全員が同じ苗字がいい」と考える人の方が、はるかに多いと思います。

ただ、「選択できる」という「自由」と「可能性」が必要なんです。

そうすれば、女性の天井のふたは見事に外され、その子供が成長して社会で活躍する20年後には、日本の未来は爆発的に夢のある世界になっているはずです。
その時まで生きて、この目で確かめたいと思います。

つがいで未完か？ 独身で完結か？

女性の人生において、「フィナーレの点」までこだわり抜いて自己完結を目指すのが目的の場合、結婚や出産という複雑な要素が絡まる選択はハイリスクになります。独身で完結を目指す女性の考え方はある意味正しさもあります。

また、「結婚して、つがいになる」という選択もあります。

個としては完成する確率は下がるかもしれませんが、それに代わる人生の要素を知る醍醐味があるかもしれません。

どちらの生き方も、社会には必要な生き方ではないでしょうか。

現代の医学では、卵子を凍結させておき、良い組み合わせの精子と結合させて、代理母で出産する選択肢もあります。社会構造の変化に伴って、選択肢の幅や常識は広がりました。

さまざまな優れた遺伝子を繁栄させるには、常識外れの進化が必要かもしれません。

クマノミの進化も、確かに常識（？）を超えた合理性です。自然界はミラクルで満ちていますね。

第7章

How to find a life that suits you and a life of freedom.

女性の生き方も実際は十人十色
自分らしさを追求し続ける女性は
とても美しく、ユニークです。そんな女性を10人ご紹介します。

女性たちのさまざまな人生

How to find a life that suits you and a life of freedom.

企業組織には、入口と出口に「年齢」というリミットがあります。22歳で入り、60歳（または65歳）で出るという企業組織で、多くの男性たちは走り切ります。

しかし、2019年くらいから本格的に始まった、終身雇用制度の崩壊によって、今ではこの「出口」すら見えなくなりました。

また、80年以上続いている年金受給制度は、今後どうなっていくのでしょうか？人口バランスの崩れによって、予定された支払いがされないことも視野に入れなければなりません。

昭和から続いた「男性が養う」という構図がどんどん変化し、今では共働きが一般的です。

結婚式の舞台でも、ここ10年ほどは「結婚退職」という言葉はほとんど聞かれなくなってきました。

それに伴って、女性に適した働き方も変化しています。
会社に入って組織の「パーツとなって役割を果たす」働き方ですと、結婚・出産・育児で役割を全うできなくなります。

これからの女性に必要な働き方は、「技を持つこと」にあります。
「資格を取る」ではありません。時々、資格があれば職があると思って、努力して受験する女性がいますが、資格といっても意味合いがいろいろあります。

例えば、弁護士や医師、看護士などは、知識や経験があっても免許がなければ、仕事することは許可されません。車も、免許がなければ運転することはできません。
これらは、既にノウハウや経験があって、その上で必要な資格です。

一方、○○アドバイザー、○○コーディネーター、○○カウンセラーなどは、資格をもっているだけで職が成り立つわけではありません。必要なのは、「自身がどのようなノウハウや経験技を持って、即座に提供できるか？　その技を何人の人が必要としているか？」ということです。

年金受給が始まってから、人生の終わりの「フィナーレの点」が訪れるまで、手持ちの資金を持たせなければなりません。具体的に100歳まで生きるとすると、40年間をどうやって収入を得ればよいのでしょうか。

そう考えると、もし女性に技があればその老後は明るいです。

男性の多くは企業の戦士ですから、企業から抜けてしまうと今までのキャリアでお金を稼ぐことは難しくなります。

税理士や司法書士、社会保険労務士など、定年後に資格をとって起業しても、クライアントが見つからなければ収入はありません。

例えば、女性が企業に属さない期間があったとしても、30代や40代からコツコツ訓練を積んで「技」を身に付けて働き、健康に留意して健康寿命と寿命の差を縮めておければ、60代以降の未来は明るいです。

年金が月10万円の女性の場合、生活固定費が8万円ならば、さらに10万円稼げば赤字にならないですね。

生きている限り、月に10万円を稼ぐとしたら、どんな技を使って稼ぎたいですか？今から訓練しておけば、「備えあれば、憂いなし」ですね。

一つの例として、私たちの携わるウエディング業界には、結婚式の司会（この後の実例で5名の女性司会者の生き方をご紹介しています）という仕事があります。大変難しい仕事で、ある一定の条件をクリアしていないとできない仕事です。

—声が良い
—滑舌が良い

―第一印象が爽やか
―安心感がある
―幸せな雰囲気がある
―笑顔がいい
―人に親切にするのが好き
などです。
もうお分かりかと思いますが、これをずっと保てる人って、人に好かれますね（笑）。
そうなんです。この仕事は何歳になっても人から好かれる自分でいられるんです。
自分らしさという土台に経験を積み重ねますので、継続して3～5年くらいで、プロフェッショナルの技を身に付けられます。
ここからは、プロフェッショナルな生き方をしている女性たちをご紹介します。

芯と情熱をもって20年以上の継続（まさこさん）

女性が仕事を続けるのは根性が要りますが、司会のまさこさんは芯と情熱をもって20年以上、この仕事を続けています。事務所に合格した時は、30歳で独身でした。頭の回転が早く、よく笑うかわいい方でした。

亭主関白の厳格な父親に育てられたまさこさんは、「男の人って、ちょっと苦手」と思っていたそうです。

ある時、とても優しくて思いやりのある男性とご縁がありました。今までまさこさんが抱いていた男性像とは真逆だったそうで、すぐに仲良くなって、よく話し合ってよく笑い合いました。

結婚のイメージを持ちましたが、やはり自分一人の判断では自信がなくて、すぐにベテランの先輩司会さんに紹介しました。

少々辛口ではあるものの、見る目のあるこの先輩は「あの人は大丈夫よ。いいわよ、お似合い」と、即答でお墨付きが出ました。


結婚出産までトントン拍子に進み、妊娠6カ月まで司会をして、その後、1年間お休みして復帰します。

その2年後には第二子が誕生し、出産5カ月で司会職に復帰しました。

あれから10年、まさこさんは相変わらずフル稼働で、バリバリと司会をしています。

「仕事が大好きなんです」と軽やかに話します。

秘訣を聞きますと、「夫が全力で応援してくれて、家事も進んでやってくれるんです」とのこと。

結婚当初は、まさこさんが3食とも作っていたそうですが、第一子を出産後に司会業に復帰した際、全く料理のできなかった夫が独学で勉強して、作ってくれるようになったそうです。彼も仕事で疲れているでしょうに……。

そして、どんどん上手になっていき、「今では夫が3食作ってくれるほどになりました」と言います。


まさこさんは心から感謝しているので、できるだけ細かく具体的に感謝や称賛の言葉を、毎日何回もかけているそうです。「その時の夫はとてもうれしそうで、私のことも褒めてくれる」とのこと。

褒め返しですね。


子供たちも、母が一生懸命に司会をする姿を見て、10歳の男の子も料理を覚えて、カレーやシチューを作ってくれるのだそうです。

ファミリーのチームワークですね。

Mさんならば、その喋りとプランニング力の技で、きっと100歳まで声の空間づくりをしていると思います。その姿が目に浮かびます。

これからも毎年、進化していくことでしょう。


本番前日や本番直前は、「今でもとても緊張する」そうですが、「自分は大丈夫、自分はできる」と自身を鼓舞させているとのこと。

そんなMさんも、本番のオープニングムービーが始まると、急に元気いっぱいになるようです。

母として教育者としていつまでも現役（ミカさん）

ミカさんに初めてお会いしたのは、15年ほど前の2010年頃でした。10代から60代の現在まで、モデルとしても活躍するはミカさんは、「凄いオーラ」を放っていて2〜3分話しているだけで私まで元気になり、年齢を重ねることは怖いことばかりじゃないと希望がもてます。

ミカさんの明るく惹きつける雰囲気に、私は一瞬で引き込まれました。

ミカさんは私より6歳年上ですが、そもそも若い頃から超絶美しい方ですから歳を重ねて、さらに内面の美しさも鏡のように映し出され、そのオーラは増すばかりです。

そんなミカさんの「すごい」ところは自身の事柄に留まりません。娘さんを育て上げるポリシーにも敬服します。男性に対する審美眼や女性としての気配りの仕方など、的確なアドバイスをされています。

人気女優として活躍するようになった娘さんは、後に日本を代表する有名俳優と結婚されました。

娘さんはお料理上手で、夫の心と身体の健康を常に考えてバランスの良い食事を考え、妻としての感性と自分ができることの中で、夫が求めているものは何かを瞬時に選択し、提供し続ける感性と持続力を身に付けています。

さらに夫の仕事仲間や関係者の方々など周りの人間関係にも気を配り、誰からも好かれる存在です。

全方向から見てパーフェクトな娘さんを育て上げたミカさん。そんな彼女のパワーの源は何だろうと考えたことがあります。

それは、何があっても諦めない。何があってもエネルギッシュな笑顔（本当に笑顔が素敵なんです）で継続して乗り越えてきたことが、今のミカさんの人となりにつながっていると知りました。

華やかなモデルのお仕事、数々の実績、人脈。10代から長きにわたって業界で仕事をしてきたミカさん。優しい笑顔の反面には真の厳しさや凛々しさがあります。その反面があるからこそ、表の笑顔が心に響くのだと思います。

私の娘が10代の頃、ミカさんにウォーキングレッスンをお願いしたことがありました。

その時、何回か私も同席させていただいたのですが、いつもの笑顔の奥にある真剣な眼差しに驚いたのを覚えています。娘も「気が引き締まる」と言っていました。素人の娘にもプロの方を教えるような真剣なレックチャーをしてくださる姿を見て、ミカさんから伺っていたこれまでの生立ちを思い出し、「そうか、こうしてどんな時も真剣に伝えたり行動したりする姿勢が、プロ中のプロとして、他者との差別化につながっていくんだ」と、私自身も真似してみようと思ったことを思い出します。

ミカさんの頂点は、まだまだ上があるに違いありません。きっと90歳くらいになったミカさんは誰にも負けないくらい輝いているんだろうと思います。

となれば、私たちも負けずに光りましょう！

最愛の父に見守られながら（まおさん）

まおさんは、25歳で結婚式の司会になりました。比較的早くからこの仕事に入ったことになります。

スポーツ万能で、明るくて誰にでも好かれる美人のまおさん。もうすぐ50歳になります。

世話好きで友達が多く、動物も何種類も飼ってかわいがっています。

恋愛相談が得意で、いろいろな人の相談に乗っていましたが、自分の彼氏は後回しでした。

30歳になったある日、意気投合して一気に距離を縮めた男性は、同じ業界の人でした。分かり合える共通の話題もあり、二人は35歳で結婚。すぐに第一子が生まれました！

実はその当時から、まおさんは得意な分野を生かして、婚活アドバイザーにもなっていたのです。

出産後間もない頃、まおさんの仲人によって結婚した男性から「自分たちの結婚式の司会は絶対に」という指名があって、出産後3カ月で司会復帰しました。すごいですね。


その男の子も、今は13歳です。

実はまおさんは、結婚披露宴を行っていません。「自分にとって結婚式は永遠の憧れだから、自分が挙げてしまったら憧れじゃなくて現実になってしまう」という見事な信念を持っていました。


他界した最愛のお父さんのことを、ご自身の言葉で話してくれました。

「父は、2年半前に他界しました。

私のことをこよなく愛し、幼い頃は、どこへ行くにも私を連れて行きました。自慢の娘を連れ回すのが好きだったのだと思います。

成人してからは、仕事帰りに行きつけの居酒屋に私を誘い、〝娘だ〟と紹介するのがとてもうれしそうでした。

そんな父から、一度だけ手紙を貰ったことがあります。私はとてもうれしかったです。

ただ、私は結婚披露宴をしませんでしたので、最愛の父に手紙を書いたことも感謝の思いを伝えることも、一度もできませんでした。

それだけが、結婚披露宴を行わなかった後悔です。

日頃から思いを伝え合うのは照れくさいので、チャンスは結婚式での花嫁の手紙シーンだけだったのです。

でも、たぶん私の想いは父に届いています……。

なぜなら、私も今、同じように息子を愛し、その思いは息子に届いていると知っているからです。

父の葬儀の際、最初で最後の手紙を書いて、棺に入れました。これで良かったのだと思っています。

もう一つ、父が亡くなったとき、母も私も妹も、葬儀準備などやらねばならないことへの気持ちが強く、大泣きすることはありませんでした。

その時、びっくりするくらい悲しい顔をして、実家に来たのが主人でした。すごく神妙な顔をして父の枕元に行き、しばらく何かを語りかけていました。

この時、私の中にいろいろな感情が浮かびました。

ちゃんとした結婚の挨拶も結婚式もスルーした私たちでしたので、この時の父と主人の対話が何かとても特別なもののように感じました。

安心して安らかに眠ってください、そんな話を父に告げていたかと思います。

その光景が今でも忘れられません。一生、忘れないと思います」

まおさんはこれからも、大ベテラン婚活アドバイザーとして夫婦を結び、プロ司会もして、100歳までも明るくて大きな声で周りを笑顔の渦に巻き込むでしょう！

日本中に幸せを溢れさせてくれると思います。

パリの地で、大きく活躍（マリさん）

20代からパリに住み、60代の今もパリと日本を行き来する1960年代生まれのマリさん。彼女と初めてお会いしたのは2005年でした。印象的なファッションで綺麗なお顔立ちにメリハリのあるキリっとしたメイク。華やかでインパクトある出会いでした。

マリさんは京都で美しいものに囲まれて育ちました。

造形芸術や服飾を学び、大学時代からデザインコンテストで数々の賞を取っていました。パリコレの仕事がしたいと思っていたマリさんの人生が大きく動いたのは21歳の時。世界的有名デザイナーが募集した「デザイナー」に選ばれたことがきっかけでした。

パリで巻き起こったDCブランドブームもあって応募者は600人、その中から3名が採用されました。

デザイナーとなったマリさんの生活は一変しました。パリ、NY、ロンドンでのコレクションの仕事、有名人やセレブの仕事と、睡眠時間を削って働き続けます。飛行機で世界中を行ったり来たり、日本に留まる日数も減っていきました。

数年が経過し、マリさんは思いました。

「自分自身の作品を世界で発表したい」と。

どうしても夢を現実のものにしたくなったマリさんは1990年に27歳で単身パリに移り住みます。

コネも資金提供もない中、思い切って移住します。

当時、ファッションデザイナーは憧れの的でしたが、その名刺も肩書きも捨て単身で留学します。

外見ではなく内面を磨くためには、フランス語とフランス文化を習得することが最優先と考え、思いきった選択をしたのです。

そして、その夢は37歳で現実になりました。自身のブランドをパリで立ち上げたのです。

当時どのようなデザインが必要とされて受け入れられるか、マリさんには分かっていたのでブランドは高く評価されました。

日本でも多くのオファーを受けて忙しく働いていましたが、ある日、身体の異変に気付きます。40歳を過ぎていました。マリさんはがんになっていたのです。飛行機移動も止められる程の状態でした。

入退院を繰り返した暗黒の日々に思えましたが、マリさんは「病気のようには見せたくない」という意志を持ち、外面的には一層明るく振る舞っていたそうです。

幸いにもがんはリンパには転移せず、一命を取り留めました。

その後は身体も鍛え、トレーニングをしながらパリと東京を行き来して、自分にしかできない仕事を引き受けてきました。

ファッションに留まらず空間デザインや、西洋で注目されている食や習慣のレクチャー、パーティやイベント企画、随筆など、自分ができる仕事は積極的にやり続けました。

家にいる素のマリさんは、ほんわかしていて、緩んでいます。お仕事モードになると、なぜか別の人格（ご本人いわく「鬼のマリ」）が出現するそうです。

20代の前半の人生から「厳しいプロの世界」でビジネスを叩き込まれたマリさんは、もう一人のマリさんという味方と連携して、険しい山を登りきるノウハウを、知らず知らずに身に付けていたのでしょう。


今、マリさんは60歳を過ぎて、このように振り返ります。

「私はパリにいて、日本の国としての地位が低いのが辛いです。私は日本人として日本が好きです。だから、世界の国の中で日本の地位がどんどん下になっていくのがとても寂しいです。

私がパリに来た頃は、日本の地位も今より高かった気がします。今、時々日本に帰国して感じるのは、日本の政界や経済界も女性登用の推進を掲げていますが、まだまだ〝女性活躍後進国〟になっているように思えてします」。

「もし生まれ変わったらどうありたいか」というテーマにマリさんは次のように言います。

「西洋で生活した日本人として、来世はフランス人に生まれ、どの職業に就いても世界中の国の人と対等に勝負したい、同じフィードで戦いたい」

60歳を過ぎたマリさんは、今、日本に定住する準備を進めているそうです。「日本は、医療保険が充実していて、円安です。命ある限り、日本人として日本のために何かできることがあれば全力でやりたい、日本の地位を上げたい」と。

マリさんは続けます。

「そのためには、どこに住んでいようとも〝世界の目線から日本を見ること〟が一番大切です」

パリの生活では、常に日本のテレビとパリのテレビの両方を同時に流しているんだそうです。さらに、パソコンではＹｏｕＴｕｂｅなどのＳＮＳを見られるように、そのページを常に開いているそうです。

マリさんは情報収集の鬼ですね。

でも、それくらいしないと今どこに向かい、何をすればいいのか、迷いが出てしまうんだと思います。

何事も徹底的にやるというのは分かりやすくていいですね。

であれば、私たちも日本の中から世界中の情報を吸収しましょう。マリさんと一緒に日本の地位を上げていきたいですね。

がんを乗り越えて復帰（みどりちゃん）

私が初めてみどりちゃんに会ったのは、彼女が25歳、司会の面接の時でした。その時の印象は「なんて感じの良い人」。声に丸みがあって、穏やかで少しハスキー、声だけでも癒やされるのに、笑顔が神レベルの優しさ。一日で惚れ込みました。

当時話題になっていたゲストハウスの司会を、専属でお任せしました。それから30年以上、ずっとトップグループを走り、いつも指名のかかる人気司会者さんです。

結婚した夫は演奏家で、みどりちゃんも歌のレッスンをしていたので、結婚後も別居をしていました。周りからは「格好いい！　別居結婚、うらやましい」と言われていました。

有名アーティストのバックボーカルのステージにも立つ、ハードスケジュールでした。

そんなある日、長年の友人ががんで急死しました。悲しみにくれるみどりちゃんでしたが、ふと、自分自身がずいぶん長い間、がん検査を受けていないことに気付きます。急いで検査してみると「がん初期」であることが分かったのです。慌てて専門の病院に行き、半年も経たない間に1回目の手術をしました。

「親友が私に教えてくれたんです。私の命の恩人です。友人の分まで一生懸命に生きます」

みどりちゃんは、後半の人生に光を当てました。

治療中は、「とにかくゆっくり過ごした」のだそうです。穏やかな気持ちで、楽しいことを考えながら暮らしたおかげで、楽に過ごせたと言います。

「自分の仕事を待っていてくれる人たちのことを考えたり、マイクを握っていた時の楽しい想い出だったり、自然と笑みが浮かぶような生活を送ることが早い回復につながっていきました」

「友達や仕事仲間や家族がいてくれて、それでも乗り越えられてうれしかった」と、いつも笑顔で話すみどりちゃんは本当にすごい人です。

その後もいくつかの治療を続けて、2年後に復帰します。

現在も、変わらず人気司会者として、以前にも増して穏やかで優しい人です。みどりちゃんの声を聴いているだけで、幸せな気持ちになれます。不思議な魅力を持っている司会者さんです。

病を克服して、明るく仕事をする100歳のみどりちゃんの司会を聞いてみたいです！

真綿のようなふわふわとした優しい声、40年後が楽しみです。

自分の才能を見つめ続ける（みよこさん）

踊ることが何より好き生きてる限りは踊り続けたい、そう話したみよこさんはまるで10代のように目をキラキラさせていました。他の誰からもその言葉を聞いたことが無かった私はなぜみよこさんがそう思うのかどうしても聞いてみたくなりました。生きてる限り歌いたいというお話はよく耳にするのですが、生きてる限り踊りたい…　何か強い信念を感じます。

みよこさんに初めてお会いしたのは２０２３年10月に私がNYに2か月弱滞在した時でした。ＮＹマンハッタンのミュージカル ＳｌｅｅｐＮｏＭｏｒｅ セリフは無し、舞台は館全体が舞台で観客と演者の区切りがありません。２０１１年から上映されるロングランです。リピーターが多い作品という事です。

この観劇に誘ってくれたのがみよこさんでした。その数年まえからＯＦＵＫＵ映画の件でもやり取りがありオンライン上やＳＮＳではやり取りがありましたがお会いするのは初めてでした。踊りが好きなみよこさんもこの観劇のリピーターとのこと。みよこさんの人生丸ごと踊りのエピソードを交えてご紹介します。

東京で生まれたみよこさんは5歳から日舞を習い師範の免許も持っています。15歳でジャズダンスのカンパニーに所属しミュージカル「シェルブールの雨傘」にも出演、人気番組ザベストテンでもダンサーとして踊っていました。

みよこさんの転機はダンス関連でLAに訪れた時にやってきます。現在の夫とLAで出会うのです。

日本人である夫とは日本で結婚しますがその後夫のLA転勤に伴い1986年LAに移住します。そして長男、次男と出産。慌ただしく生活が変化し子育てに追われる日々が続きます。そんな折り1997年に夫のNY赴任が決まり家族でニュージャージーに転居します。そのころからまた踊りたいという想いを募らせていたみよこさんでした。しかし2000年3男出産！　3兄弟の子育てに奔走する日々が続くことになります。毎日忙しく子育てとご主人の朝早いお仕事のスケジュールでめまぐるしく日々が過ぎて行ったある日、急に踊ることのできない人生が悲しくてどうにもならなくなり、轟音で揺れる洗濯機を抱えながら大声で号泣してしまった、その時ハタとみよこさんは気付いたのです。「私、こんなに踊りたいのに」その状況にあっても踊ることなんてできないことは分かっていました。当時は高額なベビーシッターを雇う余裕はなく自分が自分の為に時間を使うなんて無理とわかっていました。ところが高齢の保育士経験者の女性が「私1時間1ドルでみてあげるわよ」と言ってくれる方が現れたのです。なんという救いの女神！ みよこさんはありがたくお願いし、10年ぶりにダンスのレッスンに通い始めました。もうそれは待ちに待った楽しい時間だったそうです。2004年には自宅のリビングに鏡を据え付け日本人の子供たちを教える教室を始めました（2020年のパンデミックまで16年続けた）。それを経てチャリティーコンサート活動へと精力的に進め、総額1000万円程を各団体に寄付することができるようになりました。夫の仕事も順調で経済的にも社会に貢献する会社に成長し、みよこさんは正に引き寄せの福の神のようですね。

3兄弟も独立し、孫も2人。人生やっと自分の番が回ってきた、人生これからだ～やるぞ～という感じだそうです。

現在もNYに住まいながら、アメリカで活躍したい日本人を支援する為にNPO法人を立ち上げています。

理事であるみよこさん自身も踊ってます。日本でもNYでも勢力的にミュージカルを開き現在進行形で踊っているのです!!

現在64歳。私もステージを観劇させて頂きましたが、「45歳の美女」という感じです。ものすごく楽しそうに１２０％の「これ以上ない」という笑顔で踊っています。

みよこさんの踊る姿を見るだけでも希望が湧いてきます！

「好きとは物の上手なれ」を地でいってますね。

美代子さんの座右の銘「人生やったもん勝ち」だそうです！（笑）さすがです。

音楽が響き血踊る身体がある。でばれば　私たちも　みよこさんに負けずに踊りましょう。

喋りの力でマイホームを獲得（まゆみさん）

まゆみさんとは、彼女が27歳の時に初めてお会いしました。

彼女の所属していた事務所は「妊娠禁止」で、妊娠の予定がある場合は、いったん仕事を辞める決まりでした。30年以上前は、雇用主が強い時代だったのです。

弊社はその当時から、結婚・妊娠・育児と仕事を合体させる取り組みをしていました。社内保育室も取り入れていました。

入社したまゆみさんは、社内レクチャーも受けて、順調に司会の技術を向上させて活躍していました。3年ほど経った頃、懐妊の知らせがあって、事務所のみんなで喜び合いました。

まゆみさんはとても健康で、つわりもほとんどありませんでしたので、6カ月まで司会者として本番に立ちました。担当した新郎新婦からも「私たちも早く子供が欲しいので、司会さんが妊婦さんって幸先がいいですね」と喜ばれたと聞き、私もうれしくなりました。

私自身も3人の子供を産み、その前後も司会をしていましたから、まゆみさんの気持ちは良く分かりました。「お腹が目立ちすぎていないか?」「お客様からどう見えるか?」など、さまざまな心配事が浮かんできてしまうのです。

妊娠は病気ではありませんが、人によってさまざまな解釈がありますので、男性が想像している以上に配慮しています。

余談ですが、多くの司会さんが産休しますので、後に司会者さん用の制服を私がデザインした際にはお腹が目立たないものにしました。

まゆみさんは人生で初めて出産育児と司会の仕事に、同時進行でチャレンジすることになりました。

「私は、主人にとても助けられました。育児や家事を進んでやってくれるんです。私は毎週土日は仕事でしたから、その間、全てお任せできました。ママ友から〝夫が何もしてくれない〟などのエピソードを聞くことがありますが、私は、どうしてなんだろうと率直に思ってしまうほどでした。

夫は営業職でしたので、おっとりしていて明るくて気さくなところがあり、子供との接し方も上手でした」

まゆみさんは、第一子を出産した後、6カ月で復帰しました。平日は妻のみ、土日は夫と力を合わせて育児をしたそうです。

2年ほど過ぎたある日、第二子懐妊の知らせが届きました。

今度は7カ月まで司会の本番に立ち、6カ月で復帰しました。

夫婦のタッグはますます深まり、さらに2年後には第三子です。今回は慣れたもので、7カ月まで司会をし、3カ月で復帰しました。

仕事では、幸せなカップルをどんどん送り出し、明るい声でパーティーを盛り上げて、新郎新婦やご家族、列席者の皆様に唯一無二の想い出を届けています。プライベートでは、家族で連携プレーです。

もちろん、収入も充実しています。

40代の頃、まゆみさんは都内に一戸建てを購入しました。大阪育ちだったため、「東京にマイホームを持ちたい」と思っていたそうです。その夢がかないました。

現在、50代中盤になったまゆみさんに、私はこう質問しました。

「いつも明るくて、はつらつとしていて、私まで元気になります。でも、今まで苦労もあったでしょ？」

するとまゆみさんは

「そうかもしれません……。でも、もしつらいことがあっても、私は忘れちゃうんですよね。だから、特にこれと言って思い出せないんですけど。

ただ、3人目が産まれて4歳くらいになった時、一度だけ夫が〝もう大変だ、仕事をセーブするか辞めるかしてくれ〟と言ったことがあるんです。その時は、お熱が出て、毎日のように園からお迎えの電話が急に入ってきまして……。

両親は大阪ですし、夫の両親もなかなか急にはお願いできるスケジュールではなく、夫が仕事中に抜け出して、お迎えに行くことが続いたんです。人気会場のリーダーとして司会をしていたので、平日でも指名がかかることが多くて。ありがたいことなんですが、あの時の夫は大変だっただろうなと思います。

でも、なんだか、そのままなんとなく解決して、仕事もバリバリやっていました。

そして、さらにスペシャルなのは、3姉妹の連携です!!

年齢がちょうどバランスよく離れている姉妹なので、一番上の姉が中心になって妹たちでチームを組んで乗り越えるという技を編み出したんです。」

親が必死で世の中のためになっている姿を見て、子供が知恵を働かすんですね。実は10歳未満の子供は、相当、知恵と脳が発達しています。江戸時代には、10歳くらいになると立派にお仕事していたようですから、若い脳ののびしろは未知数ですね。

まゆみさん宅の3姉妹は、「できる大人」になって日本を良くしてくれることでしょう！　10年後が楽しみです。

まゆみさんのフィナーレの点も、「喋って稼ぐ」姿が浮かんできます。あっぱれ！

自分の人生を楽しみ、自分を味わう（ベティさん）

ベティさんとはもう20年以上のお付き合いになります。

ベティさんは私の知る女性の中で一番綺麗で色っぽい「85歳」です。

女性の色気って定義は何でしょうね？

私はベティさんをみると女性らしさや色気は年齢とは関係ない思ってしまいます。

同性である私でさえ、その優しさや深い包容力に心底安らぎます。語り口は低音の優しい声響き。柔らかい話し方、真を捉える眼差し・・・

常に真剣勝負で長い人生を走り通すとこんな風に、究極の境地にたどり着くのかと感嘆します。

でも遡って人生のお話を聞くと、今のベティさんがあるのはこれまでの道のりあってのことだと気づかされます。

若い頃から綺麗でお嬢様育ちのベディさんは、それはもう男性からも引っ張りだこ。

かわいらしい性格も相まってお断りするのも大変だったようです。

これまでの人生　結婚5回　離婚5回　紆余曲折を乗り越えて前進し続けたベティさん。

その中でも辛い思い出もあったそうです。

アメリカ人のパイロットと結婚していた時の事。アラスカの暮らしは快適だったそうですが、夫が浮気相手を家に入れてここから出て行けとアラスカの雪の中に放り出されてしまったことがありました。私が日本人だからこんな扱いを受けるのかと悲しさと悔しさが込み上げてきたそうです。それでも、立ち直れたのは近くに住む友人たちが一生懸命励ましてくれたから。「常に支え合える仲間がいる」これが、苦難に耐える力になりました、とベティさん。様々な人間模様を経験し女性として安定した幸せをつかみ始めた50代、ところが今度は、身体の苦難が襲ってきました。次々と病気がわかり10年間の間に直腸・肝臓・乳がんと連続して手術を受けます。想像もしていなかった人生の後半戦です。

「大変なことにあうたびに、人の心の痛みがわかります。人への思いやりが、人を救うということを、身をもって感じてきました。」と話すベティさんが現在の「ジャスシンガーの仕事」に本格的に打ち込んだのは、65歳を過ぎてから。

大変な時期を乗り越えた、ちょうどその頃からプロとしてステージに立つようになりました。２０１４年にはニューヨークで初のアルバム制作を決行。時間も費用もかかるので迷ったそうですが「同じ後悔なら、やらないより　やるほうがマシ！」と思いミュージシャンやプロデューサー仲間の協力やアドバイスをもらいながらベティさんらしい仕上がりになったそうです。

このアルバムは、ジャズ愛好家の間でも「味がある・引きこまれる」と評判なりました。

ベティさんは言います。

「女性に生まれて感謝しています、女性だからできた経験がたくさんあります」

今でもやる気満々、歌もますます味が出る85歳！

身体も心も天井知らず。であれば、私たちも自分の個性を恐れずに発揮しましょう。

女優業から結婚式司会へ飛躍（みつこさん）

みつこさんとお会いしたのは、今から35年前のことです。弊社の司会事務所立ち上げメンバーの一員でもあります。私よりも少し年上ですが、心から信頼できる姉妹のように思っています。

子供の頃から女優を目指していたみつこさんは、声にも容姿にも雰囲気にもオーラがあり、吉永小百合さんを思わせる上品な笑顔の持ち主です。

弊社の面接に来た頃は、すでに2人の子供の母でした。

息子さんは子供の時からタレントで、『あっぱれさんま大先生』の番組にレギュラー出演していましたので、みつこさんは司会とタレントマネジメントと妻と母とで、大忙しででした。

みつこさんは、主にご自身の収入をメインに、２人のお子さんを育てて大学まで立派に卒業させました。
母としても教育者としても、強く優しい女性です。

10年ほど前、彼女が50歳を超えた頃に「引退するか」というターニングポイントがありました。

理由は、ＩＴ化によるものです。みつこさんの担当する司会現場の取引先が大がかりなシステム改修を行ったのです。素晴らしく便利なシステムでしたが、パソコンやキーボードになじみのない人には大変恐ろしいものでした。お客様の前で、ブラインドタッチでその場で進行表を作成しなければならないのです。

会社名やお名前など固有名詞の変換もあり、時にローマ字やカタカナ文字も打ち込み、同時にお客様に目線を合わせてコミュニケーションを取り、必要な質問で人柄を掘り下げなければなりません……。

「私には到底無理です。いつも携帯でしかやり取りをしていなくて、パソコンに触れたこともないですし……。もう私も年ですし、もう世の中についていけないんですよ、私なんか」

みつこさんは、自信を喪失した状態でした。私は伝えました。

「でも、みつこさんのこれまでの喋りの技術、ノウハウ、人を楽しませたり和ませたりする技術はみつこさんだけの個性で、大きな特質です。一度辞めてしまえば、もう怖くてマイクは握れなくなるでしょう。だから、絶対にこの技術をさびつかせてはダメです。

パソコンは、根気よく習えばいつかはできるようになります。みんなが便利になるようにと頭のいい人が作ったものですから、慣れれば手離せなくなるくらい便利なものです。新しいことを覚えるのを怖がらないでほしいし、諦めないでほしい」と、私は根気よく説得しました。

みつこさんは、私と自分自身を信じて、前に進むことを決断してくれました。みつこさんには勇気ある決断、困難な第一歩となりましたが、1年ほど経った頃、「あの時に諦めなくてよかったです。今、何とかなっています。楽しいです」と、話してくれました。

驚くことに、それからの方がかえって若々しくなったのです。

きっと「自分は大丈夫、何とかなる」と自信が持てたんだと思います。

みつこさんのご両親は、数年前に既に他界しています。今は、お子さんたちも結婚したり独立したりして、これからようやく本格的にご自身の人生を最高のステージに押し上げていくんだと思います。

結婚式の司会という特殊技術で声の空間づくりをし、一方では、女優業で得た滑舌や発声の技術で後輩を指導していく……。これまでの時間でみつこさんが得た技を、余すところなく開花させてくれると思います。

みつこさんは、弊社女性司会部門の最年長です。みんな、みつこさんを目指してフィナーレまで滑走します。

私は、みつこさんのさらなる開花をプロデュースしていくのが楽しみです。

ちなみにみつこさんの娘さんにも、弊社で活躍してもらっています。

娘さんは声優をしていたので、30歳を過ぎたらみつこさんと同じ結婚式司会としてデビューする未来を見据えています。

その日が来た時に一番うれしいのは、みつこさんではなく、ご本人でもなく、たぶん私です！

ちなみに、みつこさんは弊社制作の映画にも出演してくれています（現在6作目）。すごく上手で、脚本監督である私は、毎回、テイク1で「はーい、ＯＫ！」と叫んでしまいます。

表情が最高なんです。うまいだけじゃなく、なんだか笑えるんですよ。人柄ですね。

みつこさんの人格キャパは、広くて深いです。

「120歳現役」を地で行ってくれそうです。

健康寿命を延ばす食医学を実践（まいさん）

私がまいさんに初めてお会いしたのは、２０１８年でした。ボストン映画祭のディレクターをされていたまいさんは、愛らしい笑顔に柔らかく包み込むようなお声の持ち主です。

お話を伺っていくと、既にお子さんが２人いらっしゃるとのこと。現在は40代だそうですが、20代？　と思うくらい若く、はつらつとしています。

ご家族の話題で盛り上がり、結婚式当時のお話をお聞きすると、偶然にも結婚式の司会は当社のベテラン司会さんが担当していたことが分かって、一層話が盛り上がりました。ボストンでの偶然の出会いに、特別なご縁を感じました。

映画祭後の打ち上げにもお誘いいただき、お話が尽きませんでした。

まいさんは、日本では消化器内科の医師として、仕事に育児に奮闘していました。当時、帰りが遅いご主人に代わって時短で仕事をしていたため、ワンオペで仕事と育児と家事を回していて、いくつかの葛藤もあったそうです。

例えば、

―お子さんの急な発熱で、仕事を調整してお迎えに行かなければならないこと。

―医師としての診察、研究や勉強などをおろそかにできないこと。

―子供たちや夫の食事についても、より良い食環境を考えること。

女性が仕事をしながら、育児も家事も両立することの難しさについて、いろいろ考えてしまったそうです。

まいさんのご主人は、日本の大学病院で研究にも取り組む医師として勤務していました。ですが、ハーバード大学など最先端の環境での新たな研究に着手するため、家族でボストンに移住したのです。

英語圏になじみがあったまいさんですが、ボストンで生活してみると、カルチャーの違いに驚くこともあったそうです。それは、良い意味の驚きでした。

「ボストンの人たちは、子育てについてさまざまな面で理解があって、とても温かく迎えてくれました。

例えば、ベビーカーでバスに乗る時、何も言わなくても、近くにいる方が率先して手助けをしてくれます。さらに「かわいいね」「何歳なの」などと声もかけてくれて、その笑顔で不安が解消されて安らぎに変わりました」

「ある日、子供がレストランで食事をこぼして汚したので叱ろうとしたら、「子供らしくて良いね、子供だからいいんだよ、子供ってそういうものでしょう」と励ましてくれました。それがボストンの環境でした。

東京で子育てしていた時は、常に周りに迷惑をかけないように気を配って、小さくなってびくびくしながら子育てをしていました。

ボストンでは〝すべてがありのままで良い〟のだと、心がふっと楽になりました」

周りの女性たちもみんな共働きをしていて、子供のお迎えや家事も、夫と妻が偏ることなく同等に協力しているそうです。そういうカルチャーの中に置かれたことで、まいさん自身にも気づきや目覚めがあったと言います。

「男性がキャリアを築くために仕事に集中する、それを支えるのが女性。女性は子育てを受け持つ」というような自分自身の固定概念も少し変化したそうです。

ボストンで得た考え方は、「自分のキャリアは自分で切り開く」ということ。「今後の人生において、自分は本当に何をしていきたいのかを真剣に考える機会になった」と言います。

まいさんは、もともと料理が好きで、栄養士の母親による医食同源の考え方のもとで育ったことや、患者さんを診察して感じていた現代の食と病のつながりから、自分自身の取り組むべき方向が整理され始めました。

さらに、ボストンの大学院で学んだ栄養学や、アメリカの食医学の考え方に深い意味を見い出していきました。

そして、ご主人が日本での医師の仕事に戻ることになり、２０２２年に家族で帰国しました。

その時、まいさんはご自身の考えに従って、「新しい医学の道」と「これまでの医師の仕事」と「家族と育児」を両立しながら進む道を選びました。

まいさんは、こう続けます。

「女性が自立して、自身の人生を自分で創造していく意識を持つことは、とても大切だと思います。

でも、それは簡単なことではありません。

自分のこと以外を優先しなければいけない時期もありますし、意識やモチベーションを持ち続ける心が折れそうになることもあります。ですが、〝一見止まっていたように見える時期に得たものが、後になってみれば、未来につながっていく〟ことにも気付けます」

「一見すると、バラバラに見える点と点がつながって線になり、道ができていくことを実感します。真っすぐな道じゃなくても、寄り道だと思っても、楽しみながら進んでいきたいと思っています」

まいさんは、現在、消化器内科の医師として患者さんに向き合いながら、予防医学としての食医学を、日本とアメリカで広げる活動を続けています。

私は思いました。その若々しさと明るさ、穏やかな安定感は、自身が食医学を実践して結果を出している証であると……。

まいさんと話していると、やはり女性には、諦めない信念、継続する力、柔軟に変化する対応力が備わっていることを、今さらながら確信してしまいます。

ご縁を大切に自分らしく…60歳でもまだまだこれから開花できる

10人の女性たちの生き方をご紹介しました。

それぞれが自分らしさを追求する生き方をされていますね。

「自分らしさ」とは、自分が「これまでやってきたこと」を肯定できて、それを他の誰でもない自分として表現できることにあります。

例えば、川を越える時に、右の橋は狭くて歩きづらい橋で、左の橋は広くて見通しが良い橋があるとします。

また、橋は、2人のうちどちらかが右、どちらかが左を渡るようになっていて、同じ橋を選べないとしましょう。

後ろにいるのは老人です。
あなたはどちらを選びますか。

あなたは、日頃から自分のことはもとより周りを気にする気配り上手でした。このため、後ろにどんな人がいるのかをすぐに確認しました。後ろにいたのは、ゆっくり歩く老人でした。

その老人のために、あなたは敢えて右の歩きづらい橋を渡りました。そして老人が渡り終えるまで見守りました。何かあったら手を貸そうと思ったからです。

この選択は、あなたらしいと言えます。考え方、生き様が選択に表れています。

「自分ファースト」になりすぎてしまうと、相手や周りのことよりも、自分の都合や自分のためを最優先で考えて行動してしまいます。

平たくいえば、相手が困ろうが誰が困ろうが、とにかく自分が困るようなことだけはしないという〝選択〟です。

橋の選択の例なら、迷わずすぐに左の広い橋を渡ってスタスタ行ってしまうでしょう。

日頃から周りのことは全く気にしないし、場の空気は関係ないという人ならば、それもある意味、「あの人らしい」と言えます。

仮に、60歳から開花する人生を歩めるとしたら、自分のことだけを考えて、自分ファーストで生きてきた人と長く付き合ってくれる友達や、親身に支えてくれる家族は寄り添っているでしょうか？

私達の仕事でも、結婚式の演出や企画で一番多く耳にするキーワードは、「私たちらしいパーティーをやりたいんです」というご要望です。

その時、私たちプランナーや司会は、まずは新郎新婦が歩んできた道をヒアリングします。

そして周りの人間関係、家族など細かくお伺いします。そのお話を聞きながら、「〇〇らしさ」を導き出しています。


生きざまを知るには、まずは、「時間」と「場所」が重要です。

「〇〇らしさ」を表現するファクターです。

いつ、どこで、をお伺いします。

次に、関わった人たちが2人をどんなふうに思っているのかを見ます。
「それ、あの人たちらしいよね」と言われるように配慮します。
例えば、
豪華な引き出物を用意してくれそう?

最高のコース料理を選んでくれそう？

面白い演出をやって驚かしてくれそう？

時間はきっちりしていそう？

このように、新郎新婦がどんな考えを「何」に対してもっているのか、それが「らしさ」につながります。

これらを取材して理解し、進行や演出、場所選びなどすべての要素を総合してご提案します。


その時に一番感じるのは、「自分らしさ」を分かって生きている人にはご縁が集まっているということです。「ご縁を大切にしている」ということが共通しています。

これまでの積み重ねの上で「技」に高める

「60歳で開花」とは、60歳から新しいことを始めて開花するという意味ではなく、何年もコツコツやっていた「自分らしさ」の仕上げに入る時期が来ていて、自分らしさのバージョンアップのタイミングの一つが「60歳」ではないかと思うのです。

実際のところ、60歳から100歳までの晩年は長いです。
この間の40年間に起こった出来事を挙げてみます。

還暦
定年退職
定期健診で要再検査
※子供の結婚・出産・離婚・転居・失業・起業・孫の入学卒業　親の介護・死・葬儀・兄弟の介護・死・墓地
※夫の介護・死・葬儀・墓地

自身の病気・介護される
自身の死

晩年も、それまで以上にさまざまな出来事があります。
それまでと違うのは、収入面、年金受給、体力、知力です。

現実問題、仕事を持っていなかったらどうなるんでしょう。
定年のない仕事、生きている限りできる仕事を持つことが必須とされます。

60歳から新しいことを始めるのも良いですが、これまでの積み重ねの仕事を深堀して質を高め、生涯使える「技」の域に高めていけたらいいですね。

定年のない世界を40代くらいから積み上げて練習していけば、先も安心ですね。
会社でも資格でもなく、自分自身の実である「技」です。

「好きを極める」が一番強い

友人のまこさんは、やりたくないことを我慢してやるのが大の苦手でした。決まりとか、我慢とか、校則とか……。何のために、なぜあるのか、腑に落ちていないことをやれないのです。

でも、ある時、まこさんは変わりました。本人曰く「編み出した」そうです。「その仕事がやりたくてしょうがない、好きだからやる」という意識に、完全に切り替えることに成功したのです。

まず、「自分が本当に打ち込めること、好きなことって何だ?」と考えました。ここに当たりを付けたまこさんは、会社にその部署を作るところまでこぎ着けました。会社を納得させるために、1年以上かけて自分でコツコツ試作品を作り、披露し、周りを説得しました。

会社側にもメリットがある提案は即採用され、会社側も投資しました。その後、3年かけて会社ぐるみで営業をかけて役割分担し、結果を出し、黒字の部署に転換しました。

まこさん側から言いますと、「結局、好きなことをやるということは、誰かに命令されたりしなくても、進んでやりたくなるわけです。やりたくなっちゃうわけです。当然、取り組み時間が長くなるので、うまくできるようになります」

そのループによって10年間で頂点に上り詰め、まこさんにしかできない仕事を成し遂げるまでになったのです。

好きなことをやりたい
自分のためになる
うまくなる
人も喜ぶ
自分も喜ぶ
もっとやりたくなる
もっとやる
もっとうまくなる
というループです。

自分の個性を分析して見極め、「自分内解決策」を導き出して、自分の特性を生かして自分自身で編み出したのです。

これができれば、夏目漱石の言うところの「鬼の世」に行かなくて済みそうですね。

おわりに

最後まで読んでくださり、ありがとうございます。

今回、執筆するにあたり自分の道程を振り返りました。自分という土壌に失敗という水が降り続けたような60年。時間をかけて「自分の自然な、あたりまえ」に、なんとか近づいてきたかもしれないとようやく思えます。

これまで、失敗を恐れたり後悔したりしてきましたが、「そうでもない、失敗の失意を超える意味がある、得るものは大きい」と思えました。失敗は失うものも大きいので、失敗しないように一生懸命考えるのはとても大切で誠意のあることなのですが、それでも失敗してしまった場合、そこから得る学び、気付きには深い意味があると知りました。

自分が生み出した「失敗さんたち」に「ありがとうございます」と敬意を表します！

敬意といえば、津嶋栄編集長ありがとうございました。

私がバタバタと執筆した文章（7日間で書いた8万文字はドタバタと散らかっていたと思います）を丁寧に読み解き、分かりやすいアドバイスと編集して下さいました。

編集長は最初にお会いした時から、温かい人柄と冷静で的確な方向性を示唆してくださいました。出版業界の専門用語などが交わされ、私はいつも興味深々でした。私にとって、楽しくて新鮮な自分の時間を過ごすことができました。心からお礼申し上げます。

私は、今は希望をもっています。

「人生100年とするならば、まだまだ何十年もある。60代になっても、諦めたり失望したりしなくて良いんだ。体が老けて、たるんだり、持病が出現してきたとしても何とかなる」

なぜなら、今までの過去の苦労は、今はもう忘れています。

日常の生活でひどく落ち込んで、それを半年後に思い出したとしても、もう過去の感情として新しい出来事に塗り替えられてしまい、半年前の感情より、今の毎日の中で「楽しみな気持ち」をもてば、その楽しみな気持ちの連続が今の感情を作ります。

今が楽しければ、「先の人生も楽しい進行形」ということですよね。

小さな楽しさを常に見つけて暮らすことが、幸福感を得るコツですかね？

私の今の楽しみは、以下の３つです。

—女性に生まれた皆さんに、ご自身の潜在能力の無限大を知ってもらうこと（自身の底なしの魅力に気付いてください）。

—既に知っている方には、それを活用して経済に大いに参加してもらうこと（稼いでください)。

―既に大いに参加されている方は、世界中に広げてできるだけ長く歴史に残ってください(偉人になってください)。


女性がすごいと確信している私は、世界の平和は女性が前に出て仕切れば実現する、と思っています。

私がなぜこのように女性が素晴らしいと確信しているか?

その理由はいくつかあります。その中でも大きな一つに「声の高さ(ヘルツ:Hz)」があります。

女性の話す声の周波数は300Hz前後です。

よく耳にするソルフェジオ周波数の285Hzは自然治癒力を引き出すと言われています。男性の声の高さは100Hzくらいですが、女性の持つ声域には人体に良い影響を与える良い効果があると言われています。

私は30年以上、声で人の心を動かす仕事をしてきました。

多くの司会者さんの声について指導してきました。

結果から申し上げますと、やはり、自分の声の魅力に気付き、それに打ち込んでいる人は、幸福感の中に生きることに成功しています。


現在の社会は構造的です。すでに男性の素晴らしい活躍の場は確立されています。

男性には多くの応援者がいて、さまざまなチャンネルも用意されています。自分の世界をもつ素晴らしい男性もたくさんいます。(うらやましいです)。

ですから、そろそろ次は、女性のフィールドも整えたいです。

本当は、女性の本質的な飛躍を男性も望んでいるように思います。


そして、真の楽しみがもう一つあります。

今回私が執筆した内容について、皆さんの経験、エピソード、今起こっていること、今不安なことなど、生きたお話や言葉を交わして、自由にディスカッションできる日が来ることです。

多くの方の色々なお話が聞けますように。

本書は離婚2回結婚3回のスーパーウーマンがひも解く〝理想の結婚の薦めの書〟である。

エッセイスト&バーマン◉島地勝彦

今から十数年前のことである。まだ瀬戸内寂聴さんがお元気で、岩手県二戸郡浄法寺町にある天台寺の住職をしていた頃、毎月青空説法を境内で催していた。大変な人気で全国からいつも5千人以上の聴衆が集まってきた。シマジもよく参加して寂聴さんの法話を聴いたものである。そんな青空説法が始まろうとしていたある日、何の前触れもなくOFUKUさんが突然現れてシマジに言った。

「シマジさん、瀬戸内寂聴先生の説法の前にお福に口上を上げさせていただきたいのです」

シマジは一瞬当惑したが、ＯＦＵＫＵさんの豪華絢爛な着物姿と艶やかな日本髪と情熱に圧倒され、勇気が沸いてきて寂聴さんに直談判しに行った。

「瀬戸内さん、わたしの新しい愛人（笑）を紹介します。こちらはＯＦＵＫＵと言いまして口上を得意としています。瀬戸内さんの説法の前に口上を上げたいと、本日東京から駆けつけて参りました」

「面白いわ。ＯＦＵＫＵさん、ぜひ口上をやって会場を盛り上げてください」と話の分かる瀬戸内さんは二つ返事で快諾してくれた。

「瀬戸内先生有り難う御座います。お福、一世一代の口上を上げさせていただきます」

「東西、東西……」とお福さんの口上が境内の一番高いところで始まった。聴衆から万雷の拍手が巻き起こった。

「今日はお福さんのお蔭で説法がしやすくなりました。お福さん、有り難う」と瀬戸内さんから最高の世辞をもらった。

実はお福さんは歴とした男性で、女性に早変わりする。この稀有な才能の持ち主は、結婚式場を運営する株式会社ハセガワエスティの会長である。その会社の社長が本書の著者の阿久津五代子さんで、この2人は以前結婚して子供を2人もうけた仲である。阿久津さんは2度離婚して3度結婚しているユニークな体験をしているキャリアウーマンである。3度目の結婚で、もう1人子供を産んでいる。還暦を迎えた阿久津さんのその子は、今や女子大生になったという。

シマジが本書を読んで特に感銘を受けたのは「そして私が40歳になる頃、3回目の結婚をします。いわゆる普通の恋愛結婚で結婚します。『好き』という思いで結婚したわけですが、夫婦の間に子供も授かり20年以上たった今、『好き』というか『普通』あんなに好きで結婚したのに、しばらくすると『良く知っている幼なじみ』くらいの感じになるんです。私は、この精神的に安定している関係を黄金プラトニック夫婦と呼んでいます」。いわゆる素敵な夫婦はセックスレスになってから味のある夫婦に成長して行くと、阿久津さんが力説しています。「人によってはその平和が物足りないということもあるかもしれませんが、そのエネルギーは仕事に回しましょう。収入が増える確率が上がりますよ」と説いている。また第5章の見出し「男を上げる悪妻謙母の考え方」も面白く意味深である。シマジが親しく接した文豪、柴田錬三郎先生も開高健先生も見事な悪妻を持っていたから文豪になれたのだとシマジは確信している。本書はこれから結婚をしたいと思っている若い女性読者や結婚に不安を感じている女性に対する啓蒙の書である。

著者プロフィール
阿久津　五代子（あくつ　さよこ）
株式会社ハセガワエスティ代表取締役社長。
大正大学客員教授・日本経済団体連合会加盟企業・経団連企業人政治フォーラム・経団連東京経営者協会会員、脚本家・映画監督・執筆家。
1964年栃木県生まれ。結婚式を主とした総合プロデュース事業を中心に、自身も司会者として約30年で2,800組以上の婚礼プロデュース・司会経験をもつ。
2度の離婚と3度の結婚を経験。
20億円の借金があった夫を成功へと導いたり、大企業の一般社員だった夫の重役までの出世をサポートし続けている。彼女の応援とサポートで多くの人が人生のステージを飛躍させている。

阿久津五代子公式HP　阿久津五代子公式TikTokアカウント

悪妻謙母のすゝめ

2025年　2月4日　初版第1刷発行

著者 …… 阿久津 五代子
発行者 …… 津嶋 栄
発行 …… フローラル出版（株式会社日本経営センター）
〒163-0649
東京都豊島区南池袋1-9-18
GOGOオフィス池袋250
TEL　03-6328-3705（代表）
注文用FAX　050-3588-1970
メールアドレス …… order@floralpublish.com
カバーデザイン …… 阿部早紀子
本文デザイン …… 山本真琴（design.m）
印刷・製本 …… 株式会社ティーケー出版印刷

ISBN978-4-910017-55-6